Misterios
de la *Biblia*

Serie Estrella

Misterios

de la Biblia

Athanasius Nicholae

editores mexicanos unidos, s.a.

D.R. © Editores Mexicanos Unidos, S.A.
Luis González Obregón 5-B. Col. Centro
Delegación Cuauhtémoc
C.P. 06020. Tels. 55-21-88-70 al 74
Fax: 55-12-85-16
editmusa@mail.internet.com.mx
www.editmusa.com.mx

Miembro de la Cámara Nacional
de la Industria Editorial. Reg. No. 115.

1a Reimpresión 2005
ISBN-968-15-1358-4
Impreso en México
Printed in Mexico

Presentación

El ser humano se ha caracterizado a lo largo de su historia por ser poseedor de una cualidad que muchos, en diversas etapas y momentos de esta historia, consideraron como negativa: la curiosidad. Impulso vital surgido desde el más hondo crisol en que la mente, mediante el proceso del pensamiento, transmuta y obtiene las perlas más preciosas jamás producidas por ente alguno (a excepción, por supuesto, de Dios, que es la Sabiduría): el saber, que nos distingue de manera rotunda frente a los otros reinos y especies de la naturaleza con las cuales compartimos en este mundo la infinita e increíble aventura de vivir; el saber, que, sobre todo, nos distingue entre los mismos seres humanos, entre quienes, por desgracia, nunca han abundado los "sabios"; el saber, rara cualidad, su mensajero, el sabio, *rara avis*. Y así, armado con estos elementos esenciales para sus aspiraciones legítimas y elevadas, el hombre ha ido construyendo un mundo al que sólo el tiempo y la posteridad podrán decir finalmente si fue buena o mala la aplicación de este saber, de esta sabiduría y los productos de ella emanados.

Y precisamente, el ansia de saber nos hace percatarnos de una serie de elementos misteriosos, escollos con los que la inercia de ese saber, vuelto costumbre rutinaria en uso de perezosos mentales, choca a cada rato, porque no se cuenta ni con la habilidad ni con la capacidad para superarlos, de penetrar estos arrecifes de cosas que obstaculizan el libre vuelo de la inteligencia cuando ésta es guiada precisamente por la insaciable e inefable curiosidad; estos escollos, estos arrecifes muchas veces son los grandes misterios y enigmas que han rodeado al hombre y su civilización desde siempre y en todos los órdenes de su vida, esbozados a manera de relatos fabulosos de épocas desaparecidas; restos de civilizaciones antiquísimas cuyas piedras, como brillos espontáneos, llaman la atención de todos, o más recientemente, apariciones de ovnis y enigmas de la naturaleza que lindan con lo parasicológico o que aparecen de cuando en cuando de manera extraña e inaceptable: lluvias de sangre, de ranas, de pescados, de piedras, de hielo, objetos caídos del cielo que colman los anaqueles de lo insólito en todas las épocas. Y con todo este conjunto abigarrado de rarezas y curiosidades, llegamos a las religiones, también rodeadas por inexorables misterios. Puede decirse que no hay religión verdadera sin sus misterios correspondientes, verdad válida que no exceptúa, por supuesto, ni a la cristiana ni a la judía, que ven en la Biblia y en la Tora, ambas, sus piedras miliares, angulares, de cabecera, la razón suficiente que legitima el ritual, la ceremonia o la oración. Son libros que no se escapan a esa identidad neblinosa que a veces trata de ocultar lo inocultable, trocado en los numerosos misterios y enigmas que a cada momento, entre sus páginas, saltan, como haces juguetones de luz emanados de una gema que brilla en manos de un hábil joyero; así refulgen, reverberan, los grandes enigmas y misterios que constituyen la base del saber insólito de un libro esencial: la Biblia. No es tarea fácil poner al alcance de todos, mediante el oficio de la palabra escrita, todo lo que implica la Biblia, en especial su aspecto más desconocido: los impenetrables misterios que la rodean desde siempre y que por alguna razón permanecen más allá del interés de la mayoría debido a razones que no mencionaremos aquí. Sólo recordaremos que la Biblia ha sido por antonomasia, al menos en los últimos dos mil años, el "libro de los libros". Libro esencial, significativo, fundamental, no sólo para las religiones judía y cristiana, sino para toda la cultura occidental. No puede deslindarse el progreso de nuestra civilización sin tener presente el peso fundamental que éste ha tenido a lo largo de los siglos. Cualquier etapa histórica que se analice, desde los albores del cristianismo hasta nuestros días, está profundamente vinculada, fuertemente enraizada, asentada, penetrada con, en, sobre y por la Biblia, se utilice ésta ya como libro de consulta en lo general, ya como enseñanza teologal o filosófica, ya como breviario religioso, ya como doctrina para la formación ética y moral, ya como un mecanismo o medio de fomento de elevados valores para un individuo o una sociedad, ya como un soporte axiológico para un reino, un estado o para uso de las naciones que se apoyan en ella para validar el ejercicio del poder y sus avances políticos, y que ven en ella el gran soporte que sanciona la conducta individual o pública. También suele utilizarse como un libro de predicción, de augurios, prohibido hasta hace unos ciento cincuenta años (desde entonces, cuando alguien desea saber cómo le irá en una jornada especial o cotidiana, abre sus páginas al azar, al inicio del día; encontrará el verbo luminoso que le dará luz y sabiduría).

Ningún libro en la historia del hombre ha ejercido una influencia tan decisiva en todos los ámbitos en los que la humanidad se desenvuelve: política, economía, religión, sociedad, cultura, e incluso entretenimiento. No hay una actividad del hombre que en el pasado y el presente no esté bajo la tutela, la advocación de este libro tan admirado, que es leído por todo tipo de personas (desde reyes hasta gente sencilla del pueblo) que encuentran un texto tan definitivo e indispensable para muchas sociedades y grupos humanos. Pero ha sido, sobre todo, en el ámbito religioso donde ha ejercido su más alta hegemonía. Tan es así, que sólo desde hace unos cincuenta o cien años, se ha tratado de rebasar estas limitaciones (hasta cierto punto naturales), para entender y penetrar en otra de sus facetas, quizás la más alejada de la atención de las personas y que se encuentra profundamente relacionada con los numerosos enigmas que rodean la Biblia desde siempre. Esto puede entenderse de manera natural gracias a los cambios profundos del pensamiento y a los grandes avances de la ciencia y la tecnología que ahora satisfacen esa curiosidad natural del ser humano.

A riesgo de parecer irrespetuosos, creemos que la Biblia encierra, además, misterios que desafían la razón y que un ojo no entrenado en las sutilezas del análisis y la investigación metódica, no podría encontrar entre líneas, en sus versículos y capítulos (tanto del Antiguo como del Nuevo Testamento). Esto es comprensible porque una de las premisas que fundamentan el gran peso que la Biblia tiene, es que se trata de un conjunto de libros producto de una "revelación divina" otorgada a hombres considerados como especiales, únicos, sabios o santos, como Moisés, los grandes Profetas, los cuatro Evangelistas o San Pablo (el redactor de las Cartas o Epístolas que llevan su nombre). Desde esta perspectiva, resulta fácil comprender que no se haya querido ver la Biblia más que como un texto sapiencial, religioso, doctrinal, y no como una obra que ha sido escrita desde el misterio y la oscuridad de los siglos transcurridos. Por ello, lo que deseamos es poner al alcance del curioso, del investigador sencillo –el que se inicia tratando de seguir sus voces interiores–, ciertos aspectos enigmáticos que encierra este libro inigualable y que lo hacen aún más atractivo, más sugerente.

Acompáñenos en una jornada extraordinaria, estamos seguros de que no se decepcionará.

Rafael David Juárez

¿Qué es la Biblia?

P ara penetrar en los misterios de la Biblia, hagámoslo por la puerta de entrada: el nombre que la designa. La palabra "biblia" proviene directamente del griego Βιβλιοσ (biblios), que significa "libro", cuyo plural es βιβλιον (biblion), palabra que puede traducirse también como "colección de libros". En este sentido, desde el título mismo van apareciendo ciertos enigmas que iremos planteando al lector para que juzgue él mismo.

Hay quienes piensan que la palabra biblia en realidad no existía en la lengua griega sino que fue incorporada tardíamente a ella, a partir, precisamente, del uso que se le dio para designar al objeto de su definición al comienzo del siglo III de nuestra era, debido a los anónimos copistas que la fueron redactando (curiosamente, antes que en otra lengua) en griego. Aquí se abre una primera interrogante: si era la palabra de Dios otorgada al pueblo elegido, que era el judío, ¿acaso no debería haber sido escrita en hebreo? Se decía que el único texto escrito en arameo era el que se atribuía a San Mateo evangelista, pero nunca apareció la versión original. Es en este punto en donde se cruzan muchas hipótesis y versiones, pero también se plantean muchas interrogantes que tratan de precisar por encima de todo el carácter sobrenatural que supuesta o realmente define a la Biblia. Es, por tanto, que para judíos y cristianos se ha establecido una verdad evidente, casi aceptada y respetada de manera unánime: la Biblia es la palabra de Dios porque se dice que pertenece a aquella clase de libros que si el ser humano deseara escribir no podría, aunque quisiese. Y, por tanto, se llega a una segunda afirmación, casi tan inapelable como la primera: la del valor y el carácter moral de sus autores, lo que les otorga la autoridad suficiente para que de manera inapelable se acepte su autoría, real o ficticia: Moisés, Isaías, Jeremías o San Pablo. Aquí cabe destacar que se alza un verdadero enigma: por un lado queda la duda de si fue o no "verdad revelada por Dios", y, segundo, si fue verdaderamente escrita por quienes dicen que la escribieron. Llegados a este punto nos damos cuenta de que estas razones ponen en segundo, y hasta en tercer plano, la cuestión que nos atañe: ¿por qué había sido escrita la Biblia en su primera versión en griego? Una de las razones que más alegan sus exégetas o estudiosos es que los primeros textos escritos de la Biblia en hebreo, de manera curiosa y extraña, de pronto se volvieron inalcanzables para el mismo pueblo judío por causa de su dispersión, iniciada a partir del año 70 de nuestra era, tras la conquista y la destrucción de Jerusalén por los romanos. Además se dice que el uso del griego se generalizó entre los judíos, repitiéndose el mismo fenómeno que en nuestro días ocurre con el uso del idioma inglés: la gente tiene necesidad de aprender a hablarlo porque es la lengua más conocida universalmente y porque casi todas las transacciones comerciales se realizan mediante este idioma, no porque sea el mejor o el más idóneo para tal o cual actividad cultural o intelectual, sino porque es el más difundido. Lo mismo ocurrió con la lengua griega: fue la más usada antes y después del advenimiento del cristianismo hasta casi el año 350 de nuestra era, en que la lengua latina fue sustituyéndola paulatinamente debido, entre otras cosas, al auge mismo de la religión cristiana a partir del siglo IV de nuestra era.

Otra de las razones del desarrollo de la Biblia es una caraterística casi única en el mundo: su continuidad temática, sapiencial, doctrinal y estilística, que la convirtió en un fenómeno raro. Esta continuidad surge del hecho de ser un libro de "origen divino", como ya se dijo, producto de una o varias "revelaciones". Los estudiosos calculan que la Biblia ha sido producto de las ideas y los afanes de al menos cuarenta autores distintos, que la fueron escribiendo a lo largo de un periodo de mil seiscientos años: se han escrito sesenta y seis libros en total, pero los judíos sólo aceptan por dogma los cinco primeros, aunque no dejan de tomar en cuenta los restantes. Los cristianos sí aceptan todos los libros, los cuales consideran como simples capítulos de una sola obra: la Biblia, o las "Sagradas Escrituras", como también se le conoce. Se dice que sus autores provienen de los más variados estratos de las sociedades antiguas: reyes, filósofos, eruditos, profetas, médicos, cobradores de impuestos, rabinos, pastores, campesinos, personajes de sangre real, cortesanas, etc., que vivieron en lugares distintos entre sí y habitaron por lo menos en tres continentes: Asia, África y Europa, con las peculiaridades idiosincrásicas y culturales de cada región y de cada pueblo. Todos estos autores, presumiblemente, utilizaron para escribirla al menos tres lenguas distintas: griego, arameo y hebreo. Por ello, la Biblia abunda en riqueza estilística y de contenido: hay relatos literarios, poéticos, narraciones históricas, leyes, códigos (algunos de éstos de conducta individual), poemas eróticos, sentencias, proverbios, leyes civiles y penales, tratados didácticos, memorias, diarios personales, por lo que es un compendio magnificente en lo estilístico y lo literario, de gran riqueza expresiva, estética, cultural y religiosa. En ella se tratan casi todos los asuntos: desde orígenes cosmogónicos hasta completas descripciones de flora, fauna, conducta social, árboles genealógicos; conducta humana en todos los niveles, psíquicos, psicológicos y espirituales; y se relata, asimismo, toda actividad económica, política y religiosa de las épocas en que sucesivamente fueron escritos sus libros. El Antiguo Testamento expresa temas doctrinales como la naturaleza de Dios, su importancia como forma de influencia que se deriva hacia la conducta social e individual, la cual debe regirse sobre los valores éticos y morales que emanan de los contenidos de muchos de sus libros. También pesa, a la hora del análisis y la reflexión, sobre todo a partir del siglo pasado, la posibilidad de la probable confirmación histórica de los hechos relatados mediante hallazgos arqueológicos y documentales que a lo largo de los siglos, pero especialmente en el siglo XX, han ido aclarando el contenido de la Biblia un poco. Al mismo tiempo, desde los años cincuenta del mismo siglo, gracias a las investigaciones de científicos rusos especialmente, se ha introducido un nuevo elemento de reflexión y especulación que ha conmovido profundamente la conciencia de occidente: es el que deriva la probable procedencia y verosimilitud de los textos bíblicos de la fenomenología ovni y señala la posibilidad de que los fenómenos paranormales o parasicológicos hayan intervenido en muchos de sus episodios. También hay algunas personas en diversas partes del mundo que han alegado tener contacto con entidades que vivieron hace dos o tres mil años y que supuestamente han confirmado la verdad de los textos bíblicos, dándole con ello un sesgo más sorprendente al ya de por sí misterioso elemento que ha envuelto a la Biblia desde hace cientos de años.

Por todo esto, la Biblia ofrece una fuente inagotable de posibilidades de estudio y de investigación para quienes, a la luz de las nuevas manifestaciones que en los últimos años han conmovido a grandes sectores de estudiosos y analistas, creen que es necesario ya un nuevo enfoque que permita ampliar los limitados campos de su estudio y análisis.

Ahora sí, penetremos de lleno en los misterios de la Biblia.

Los misterios
de la Biblia

¿Qué es el misterio?

Esta palabra proviene del vocablo griego ΜΨΟ, que significa enmudecer. Antes del advenimiento del cristianismo, todas las religiones tenían una parte de sus cultos y ritos que pertenecían al orden común, y existía otra parte que pertenecía al secreto; es decir, a la que sólo tenían acceso quienes estaban autorizados o iniciados en ellos. A esta parte de la religión se le conoció en la Grecia antigua como "Misterios". El diccionario define esta palabra de la siguiente manera: "Arcano o cosa secreta en cualquier religión. Cualquier cosa cercana o muy recóndita que no puede comprenderse o explicarse. Negocio secreto o muy reservado. Ceremonias secretas de algunas divinidades antiguas". Esta voz designaba ciertos ritos practicados en presencia de personas preparadas por medio de una iniciación gradual y bajo el vínculo del secreto. El centro de estos ritos en la antigüedad griega era Eleusis; otros centros estaban ubicados en Tracia y se propagaron hacia Lemnos y Tebas, en Beocia. Estos misterios tenían relación con las sombras divinizadas, llamadas Cabiros, y comprendían indefectiblemente la muerte ritual de una víctima irracional. También existían misterios relacionados con Orfeo, conocidos bajo el nombre de "misterios órficos", íntimamente vinculados con el ejercicio de la Música y la Poesía. En los misterios órficos se simbolizaba la idea de la muerte recurrente y la resurrección. Al principio de la era cristiana estos mis-

terios eran celebrados en el mundo grecolatino por individuos perte-
necientes a sociedades secretas, simultáneamente con los del dios Mi-
tra. El mundo romano recogió muchos de los misterios de Grecia, de
Oriente, de Egipto; los cuales se popularizaron gracias al sincretismo
religioso que se desarrolló a partir del siglo II, por la preocupación
cada día más intensa por los problemas relacionados con la vida futu-
ra, y al aumento de las órdenes y hermandades religiosas. Desde esta
perspectiva, la Biblia pertenece al orden de libros misteriosos, por provenir de una serie de revelaciones dadas a sus primeros y subsecuentes
transcriptores y redactores, como Moisés, Salomón, Isaías, Jeremías,
Ezequiel, Daniel, San Mateo, San Marcos, San Lucas, San Juan o San
Pablo, quienes transcribieron lo que se conoce como el Nuevo Testamento.[1]

[1] Tomado del *Diccionario enciclopédico abreviado*, Espasa-Calpe, t. III. Madrid, 1957.

Ahora bien, respecto de la explicación dada líneas atrás, con relación al significado de la palabra "Misterio", por lo general sucede que puede resultar no muy satisfactoria en términos de hechos tangibles o mensurables para un sector de personas que en realidad prefieren que los hechos y sus explicaciones sean avalados por un criterio más apegado a lo académico y al espíritu de la investigación científica.

Desde esta perspectiva, el "Misterio" consistiría únicamente en un hecho o serie de hechos que no pueden ser resueltos en los términos de los postulados científicos tradicionales, y que, por tanto, permanecen como tales, como misterios sin resolver o enigmas, como lo pueden ser el acontecimiento de milagros, la existencia de platillos voladores, el valor adjudicado a la astrología, la existencia de numerosos vestigios arqueológicos que aparentemente no tienen explicación científica válida, los mitos y las leyendas de los pueblos del mundo, la existencia de fenómenos inexplicables que se sitúan en el terreno de lo paranormal, y por supuesto, los enigmas que existen en relación con la figura de Jesús, el fundador del cristianismo, y los enigmas que han existido en torno a la Biblia.

A estas alturas todo mundo podría contestar correctamente a la pregunta ¿qué es un OVNI o UFO? Tanto en español como en inglés las iniciales OVNI y UFO significan lo mismo: "objeto volador no identificado", pero, ¿de dónde vienen?, ¿por qué razón llegan a la Tierra?, ¿cuál es el objetivo de sus visitas?, ¿vienen de fuera, es decir, del espacio interestelar, o vienen del interior de nuestro planeta?, ¿crearon ellos el mundo y no existe Dios alguno o Ser Superior de ninguna clase?, ¿es la Tierra un laboratorio de experimentación de estos seres diferentes a nosotros? Todos estos cuestionamientos son válidos y todavía se presentan muchos más, pero el punto a discutir, en este caso, es su presencia velada o muy abierta dentro del texto bíblico, y eso es lo que veremos más adelante, y, como siempre, el público lector será quien tenga el mejor punto de vista.

El Génesis

na de las dificultades más serias con las que tropieza cualquier investigador que comienza a analizar los textos bíblicos, es la gran disparidad y la falta de continuidad histórico-narrativa que se da en muchos de sus textos, especialmente en los primeros cinco libros: el Pentateuco. Y precisamente, el primer gran misterio que ofrece la Biblia es el que concierne a su primer libro: el Génesis, que inicia la narración bíblica.

Por lo general ha pasado inadvertido el primer aspecto que tiene que ver precisamente con la creación, no sólo del hombre, sino del mundo, del universo, porque hay quienes no han podido o no han querido percatarse de que, desde los primeros versículos del Génesis[2], ya se dan serios problemas de interpretación. Antes revisemos lo que significa la palabra "génesis". Proviene del latín *genesis* y a su vez del griego γενεσισ (génesis), que significa "engendramiento, producción". "Dícese del origen o principio de una cosa. Por extensión, el conjunto de fenómenos que dan como resultado un hecho. En religión, es el primer libro del Pentateuco y de la Sagrada Escritura, que narra el origen del mundo."[3]

Por otra parte, a partir de los primeros años del siglo XX surgió en Europa y en Estados Unidos una cierta corriente de opinión en los círculos de estudio tanto religiosos como académicos, que trataron de remediar las grandes lagunas históricas que existían entre los hechos narrados por la Biblia y los supuestos o reales lugares históricos en

[2] Para el propósito de la investigación, utilizamos la versión de la Biblia de Casiodoro de Reyna y Cipriano de Valera, por apegarse más al espíritu original, que fue el del griego.
[3] *Diccionario enciclopédico abreviado*, Espasa-Calpe, t. IV. Madrid, 1957.

que estos mismos debieron haber ocurrido. Este afán de investigación ha rendido ciertos frutos, algunos afortunados, otros no tanto. A partir de la segunda mitad del siglo XX, estos afanes aumentaron tras los sorprendentes hallazgos de textos bíblicos en Qumrán, a orillas del Mar Muerto, en el año de 1947, que, para empezar, mostraron cierta continuidad histórica en los primeros redactores conocidos de la Biblia, que se remontan al menos hasta 300 años antes del nacimiento de Jesús. Como producto de estos esfuerzos, comenzaron a revisarse de manera minuciosa los contenidos de los textos bíblicos, ya no desde la perspectiva doctrinal, religiosa o literaria, sino desde la perspectiva más amplia de la historia, de la arqueología, de la antropología, y de los fenómenos ufológicos y paranormales para, en un gigantesco esfuerzo, tratar de convalidar la palabra con los hechos por ella expresados. Y en la redacción de los primeros versículos del Génesis encontramos algunas sorpresas, como:

"En el principio creo Dios los cielos y la tierra. Y la tierra estaba desordenada y vacía, y las tinieblas estaban sobre la faz del abismo, y el Espíritu de Dios se movía sobre la faz de las aguas."[4]

De entrada se encuentran algunos puntos importantes dignos de revisión y análisis:

1. Parece que Dios crea primero el Cielo, cuando más adelante afirma que el Cielo se crea en el día segundo.

2. La comprensión de este relato ofrece, entonces, algunas dificultades, porque se agrupa la creación en seis días, supuestamente ordenados cronológicamente, y el autor o los autores anónimos parecen haber puesto la creación del Cielo y de la Tierra fuera de este orden cronológico. Cabe entonces la pregunta: Si Dios creó la luz en el día primero, ¿cuándo creó el Cielo y la Tierra? O ¿es que la Tierra ya existía y llegaron a colonizarla? O ¿dónde estaba Él y desde dónde estaba concertando todo?

[4] La Santa Biblia, Antiguo y Nuevo Testamento; antigua versión de Casiodoro de Reyna revisada por Cipriano de Valera. Sociedades bíblicas en América Latina, México, D.F., 1940.

Aparecen otros cuestionamientos: ¿Cuándo se crearon las tinieblas, cuándo apareció el abismo y a qué se refiere exactamente éste
término, cuándo se crearon las aguas? Se presentan lagunas concep-
tuales muy profundas, que a partir del siglo XIX fueron más eviden-
tes, cuando Charles Darwin postuló el origen de las especies y del
hombre desde una perspectiva completamente distinta que vino a cim-
brar por completo el postulado bíblico. Además, conforme fueron
avanzando los estudios, lograron precisarse una serie de elementos
que hicieron pensar seriamente, incluso, en que la redacción de la
Biblia pudiera no haber sido original, sino que fue copia de otras
versiones mucho más antiguas que refieren los mismos hechos pero
de manera más amplia, porque emanan y forman parte de un elemen-

to de interpretación serio y profundo, pocas veces, ya no digamos aceptado, sino comprendido, que es el del origen cosmogónico del universo, de las cosas, del hombre mismo. Cabe preguntarse de manera seria: ¿Por qué se da esta laguna conceptual tan importante en un libro como la Biblia?

Veamos *grosso modo* qué significa la palabra "cosmogonía". Proviene del griego Κοσμογονια; de ξοσμοσ, (cosmos) "mundo", y γιγνεσταισ (gignestais), "producirse". "Es la ciencia o sistema de la formación del universo. Según esta palabra, es el proceso de formación que ha conducido al universo al estado en que se halla actualmente. Más 'ordinariamente', se aplica a las diferentes expresiones que se han dado a este proceso, y así se dice cosmogonía mosaica, persa, hindú, egipcia, caldea, etc. La cosmogonía tiene una íntima relación con la religión, puesto que postula el origen del universo desde una perspectiva científico-religiosa. De aquí que se halle un reflejo [de esto] en todas las creencias."[5] Otra de las significaciones de la palabra "cosmos" en griego es la de "orden". A la luz de lo que nos aporta esta definición, también observamos que por una extraña razón, nunca aclarada, el cristianismo parece ser la única religión que no tiene o no cuenta con su propia cosmogonía, como sí la tienen las otras antiguas religiones consideradas verdaderas: el brahmanismo, que cuenta con textos hermosos y profundos, como el Bhagavad Gita, el Vishnu Purana, los Upanishads y muchos otros; el budismo, que tiene el Dhamaphada; el zoroastrismo, que tiene el Zend Avesta; los chinos, que tienen textos diversos, los más conocidos son el Tao y el I Ching o Libro de los Cambios o las Mutaciones; y la cosmogonía mosaica, cosmogonía que curiosamente está bien escondida y pocos saben de su existencia, ya que la mayoría piensa o cree que la Tora es el único libro, porque representa la Ley de Dios, lo cual es también un gran enigma, porque es un dios doble que tiene un enigmático nombre: Yahvé-Jehová, el cual nunca ha sido aclarado por los grandes

---

[5] *Diccionario enciclopédico abreviado*, Espasa-Calpe, t. II, Madrid, 1957.

tratadistas religiosos cristianos desde los primeros tiempos hasta nuestros días. Se ha aceptado el hecho de que Jehová incluso sea considerado como el Dios Padre de la Trinidad cristiana, completándose con Jesús y la figura emblemática de la paloma, que es la representación de la tercera persona: el Espíritu Santo. Enigma profundo pero que no revisaremos en este espacio.

Ahora bien, cabe preguntarse: ¿dónde se encuentra la desconocida cosmogonía mosaica que no aparece como apoyo conceptual visible de la Tora? Aparece, para desconocimiento y sorpresa de muchos, en lo profundo de una antigua y poco conocida ciencia que lleva el nombre de qabbalah judía o judaica. Entre los textos fundamentales de la ciencia cabalística se encuentran dos, que son el Sepher Yetzirah o Libro de la Formación, y el Sepher-Ha-Zohar, también conocido como el Libro de los Esplendores. En ambos, sus autores anónimos también dan cuenta de manera enigmática del origen del universo. Citamos un ejemplo del Zohar:

"1. Tradición: 'el Libro del Misterio Oculto' es el libro del equilibrio del balance.

"2. Tradición: antes de que se asentara el equilibrio, el semblante no tenía semblante.

"3. Y los reyes de los tiempos antiguos fueron muertos y sus coronas no se encontraron jamás; y la tierra quedó desolada.

"4. Hasta que esta cabeza (la cual es incomprensible) deseada por todos los deseos (procedentes desde el Ain Soph, el infinito e ilimitado Uno), aparece y comunica las vestimentas de Honor."[6]

Otro ejemplo es el del Yetzirah:

[6] Knorr de Rosenroth, *Kabbala develada*, en versión de S. M. Mathers. Ed. Humanas, 1ª ed. Barcelona, 1986.

"1. I,i Yah, Señor de las Huestes, Dios viviente, Rey del Universo, Omnipotente, Todo Benevolencia y Misericordia, Supremo y Exaltado; que es Eterno, Sublime y Santísimo, ordenó (formó) y creó el Universo como treinta y dos misteriosos senderos de sabiduría, por medio de tres sefarim, a saber: i) S'for; ü) Sippur; iü) Safer; que son en El Uno y el mismo.

"Los treinta y dos consisten en una década surgida de la nada, y en veintidós letras fundamentales. Él dividió las veintidós consonantes en tres apartados: i), tres madres, letras fundamentales o elementos primarios; ü), siete consonantes dobles; iü) doce consonantes simples."[7]

Hasta aquí los dos ejemplos que ponen de relieve la grandiosa profundidad religiosa, mística, exegética, incluso esotérica de los dos libros citados y que le dan a la Tora un carácter único y especial, carácter del cual el Génesis bíblico, por desgracia, carece, pues no cuenta con este elemento cosmogónico y que sin duda se presenta como el primer enigma y, desde nuestro punto de vista, quizá el más importante, por lo que significa, por lo que se queda en el vacío al carecerse de este apoyo tan necesario e indispensable (que le daría una fuerza doctrinal a la Biblia, una profundidad que reforzaría aún más, su valor como texto, incluso revelado) pues sin esta base, el sentido de la Revelación queda disminuido.

Por otra parte, con el auge del fenómeno ovni y de los fenómenos paranormales en el siglo XX, el sentido religioso del Génesis parece quedar completamente rebasado, ya que estas nuevas modalidades del conocimiento no ortodoxo han venido a darle a este enigmático libro un sesgo mucho más misterioso, porque el Génesis deja de ser un sencillo relato religioso y se transforma en una especie de nueva plataforma paradigmática que propone o presenta la posibilidad de

---

[7] *Sepher Yetzirah. El libro de la formación,* visión de Isidoro Kalish. Col. Arca de Sabiduría, EDAF, 1a Ed. Madrid, 1993.

nuevas especulaciones, porque la intensidad de estos fenómenos y su asiduidad demandan una apertura tanto de la ciencia como de la mentalidad del hombre en general. No es fácil quedarse en silencio ante esta nueva modalidad de la realidad que parece desbordar por completo tanto los estudios de orden académico como los de orden religioso. El Génesis ya no se queda en la inmediatez de las cifras científicas y teológicas oficiales, sino en la lejanía que postulan otras interpretaciones que hacen pensar en orígenes que se remontan hasta 30 mil, 100 mil o 425 mil años (o más), donde además existe la posibilidad de la presencia extraterrestre desde esta remota antigüedad, lo que hace más complicadas las cosas. Sin embargo, habrá que esperar para ver qué surge en medio de este entramado, especialmente porque el fenómeno ufológico se ha incrementado en los últimos años y se hace cada vez más difícil soslayarlo y pretender que no existe, o que no es importante.

LOS ELOHIM,
¿QUIÉNES SON?, ¿QUÉ SON?

ste otro misterio se empalma de manera natural con el enigma anteriormente tratado sobre el origen del Génesis, y de lo que pretende ser a la luz de la revelación divina. Cuando en el primer capítulo del Génesis, Dios ordena la creación del universo, se plantean algunas interrogantes y se desprende otra sobre la desconocida naturaleza de la entidad creadora Dios-Yahvé-Jehová. En el Zohar se habla de unos reyes antiguos, enigmáticos, cuyas coronas se perdieron en un pasado hipotético y lejano, que da a entender que antes de la creación final, de la que supuestamente somos parte, debieron haber existido otras creaciones, y que esas coronas perdidas son precisamente la representación simbólica de esas creaciones perdidas anteriores a la nuestra (por decirlo de alguna manera). Ahora bien, otro elemento que se presenta de manera rotunda frente a este aspecto tan esencial, es lo necesario que resulta establecer una continuidad decisiva que haga posible seguir patrones de pensamiento, que permitan el desarrollo de los acontecimientos de manera lógica y sencilla. Para cumplir estos fines, tan necesarios para el entendimiento del enigma bíblico, se hace evidente la ausencia del elemento cosmogónico que perfile la Biblia en un proceso natural deductivo, capaz de satisfacer al más exigente espíritu científico. Por supuesto, habrá quienes consideren innecesaria esta demanda de claridad discursiva, científica, porque la Biblia es, simplemente, la palabra de Dios. Pero si nos detenemos en este punto, estaremos dejando de lado el hecho de que toda obra, sea humana o divina, pueda ser analizada, cuestionada, revisada para su mejor comprensión o para satisfacer la curiosidad del ser humano frente a éstas. Así que proseguiremos nuestra indagatoria.

En el versículo 26 del primer capítulo del Génesis, leemos lo siguiente:

"26. Y dijo Dios: Hagamos al hombre a nuestra imagen, conforme a nuestra semejanza...

"27. Y creó Dios al hombre a su imagen, a imagen de Dios les creó; varón y hembra los creó..."

Conforme al texto del versículo 26, ¿quiere decir que Dios no estaba solo? ¿No era el único? ¿Quién o quiénes le acompañaban o le ayudaron a crear al hombre y a la mujer? ¿Somos entonces como Él o Ellos? ¿Adolece Dios de todos y cada uno de los defectos y vicios que los hombres padecemos? ¿Tiene todas las virtudes con las que nace el hombre y le cuesta tanto trabajo desarrollar? O, simplemente, ¿Podemos creer que no es un "Dios", el concepto de "Dios" tal y como lo creemos, sino que es o son seres evolucionados, capaces de crear hombres como ellos, pero con nivel intelectual más bajo? ellos Éstas son solamente algunas de las preguntas que saltan a la vista al leer sólo ese versículo. Pero también se desprende la necesidad de comprender más allá de la literalidad de la palabra. Si se admiten como únicas versiones de la Biblia las que parecen ser aprobadas tanto por la Iglesia Católica, que es la Vulgata Latina, como por la Iglesia Protestante, que es la traducción directa del griego realizada por Casiodoro de Reyna en 1562, no habría ningún problema para aceptar su literalidad. Pero no sólo se cuenta con estas y otras versiones que satisfacen las necesidades religiosas de ambas iglesias, sino que también existe la versión hebrea del Pentateuco, así como también existe un enigmático libro, el cual fue mejor en Occidente hasta 1883 aproximadamente (cuando el arzobispo Lawrence lo tradujo de un manuscrito etíope conservado en la célebre Biblioteca Bodleiana de Oxford, Inglaterra):

el Libro de Henoch el Profeta. Este texto vino a revolucionar por completo el contenido y las afirmaciones tanto del Génesis y otros libros del Antigio Testamento, como del Nuevo Testamento, al comprobarse, por ejemplo, que el espíritu profético y místico del Apocalipsis de San Juan y de la Epístola de San Judas, habían sido tomados en su totalidad de este libro. Además, a esta situación polémica se sumaron los descubrimientos de los documentos de Qumrán en el Mar Muerto, en 1947.

Vayamos por partes. Ahora veremos el contenido de los versículos 26 y 27 del capítulo primero, tal como aparecen redactados en la Tora judaica:

"PARASHAT BERESHIT

"26. Y dijo Dios: hagamos al hombre a Nuestra Imagen y a Nuestra Semejanza...

"27. Así, Dios creó al hombre a Su Imagen, en la Imagen de Dios lo creó; hombre y mujer les creó."[8]

Encontramos que la palabra Dios, usada al menos en la Tora, corresponde en realidad al término hebreo "elohim o alhim", que parece ser el plural femenino de la palabra Eloah. A Alh se le señala la forma plural común Im, que es una terminación masculina. Por este término se entiende a "Dioses y Señoras", y equivalen en significación y simbolismo a los Devas indos, Dhyani-Budas, u hombres celestes, considerados por tradiciones muy antiguas como entidades creadoras. Debido a la evolución y al manejo teológico propio de los sacerdotes hebreos, el término evolucionó hacia el concepto no menos enigmático de Jehová, dándose con ello un primer paso del politeísmo (elohim), al monoteísmo (Jehová).[9] Por eso, los sucesivos copistas y

---

[8] La Tora. Traducción de la Biblia basada en el Talmud, el Midrash y las fuentes clásicas judías, ed. Martínez Roca, Planeta, 1ª. ed. Barcelona, España, 1999.

[9] *Glosario teosófico*, H. P. Blavatsky, Librería Teocalli, México, D.F., 1984.

traductores de la Biblia han designado a los elohim con el nombre de "Dios o Señor Dios". El enigma se acentúa por tanto al leer lo que dice el capítulo tres, versículo 22: "Y dijo Jehová Dios: He aquí [que] el hombre es como uno de *Nos*, sabiendo el bien y el mal"* Si Dios es uno solo, ¿cómo es que entonces aparece la expresión "Nos" como apócope de nosotros? Este pronombre expresa la idea muy clara de que el Dios que crea el mundo no es uno solo sino que son varios, y provoca confusión en quienes, deseosos de corroborar la verosimilitud de la palabra escrita en la Biblia, también tropiezan con este versículo misterioso que refiere directamente la probable presencia, en ese momento de la creación, de varios creadores, a quienes la tradición judía designa con el enigmático nombre de "elohim". Queda en el

* Los corchetes y las cursivas son nuestros

ánimo la sensación de que más allá de la inmediatez literal de la palabra bíblica algo se agita, se mueve y llama al genuino investigador más allá de las apariencias. Puede ser, nadie puede asegurarlo pero tampoco negarlo, que los elohim sean un equipo de ingenieros genéticos comisionados para realizar el "gran proyecto humano" de poblar un planeta y así colonizarlo más tarde. Tiempo que al parecer está llegando, dadas las señales. Para continuar con esta pequeña exposición, citaremos algunas líneas del Libro de Henoch, libro al que curiosamente no han aceptado ni la religión cristiana ni la religión judía hasta el día de hoy, no obstante la existencia de notables interpolaciones en los textos bíblicos que provienen de este enigmático libro.

"CAPITULO III

"1. Todos los que habitan en los cielos saben lo que pasa allá abajo. (¿En los cielos, espacio interestelar, o allá abajo, en la Tierra, donde se realiza el gran proyecto humano?)

"2. Saben que los globos celestes que nos iluminan no cambian su curso en absoluto, que cada uno de ellos se levanta y se pone regularmente, en el tiempo que propiamente le corresponde, sin transgredir jamás las órdenes recibidas. Miran a la Tierra y de repente saben todo lo que en ella sucede desde el principio hasta el final.

"3. Ven que cada una de las creaciones de Elohim (Dios) sigue invariablemente el curso que le ha trazado. Ven el Verano y el Invierno, ven que toda la Tierra está llena de agua, y que las nubes, los vapores y la lluvia refrescan la temperatura."[10]

Investigadores y escritores como Eric Von Daniken, Peter Kolósimo, Guy Tarade, Marcel Moreau, Serge Hutin y otros, proponen que estos Elohim, más que ser entidades de orden o de origen divino, bien vendrían a ser —debido a la presencia de numerosos enigmas interpolados tanto en las escrituras religiosas de todo el mundo como

[10] *Le Livre de Henoch*, Letouzey et Anne Editeurs, París, 1906.

en numerosos restos arqueológicos desconcertantes también disemínados por todo el orbe– seres de índole extraterrestre, cuya presencia desconocida y desconcertante estaría relacionada, por ejemplo, con la aparición de los misteriosos Akpallus, consignados en ciertas crónicas muy antiguas y en ciertos grabados sobre piedra en que aparecen como entes de índole extraterrestre que habrían dado elementos altamente civilizadores a la zona de Sumeria y Babilonia y que, por supuesto, se reflejan en la Biblia como en otros relatos mítico-religiosos de la antigüedad, de esa zona tan misteriosa, a manera de hechos que encajarían y corroborarían en nuestra época la enigmática aparición, ya muy documentada en el siglo pasado, de platillos voladores y de los llamados contactos cercanos de tercer tipo, porque parece inevitable que, tarde o temprano, tanto la ciencia como la religión tengan que aceptar al menos la validez pragmática de estos fenómenos que todavía escapan a la comprensión, pero que provocan una enorme curiosidad en todo el mundo.

LA CREACIÓN DEL MUNDO EN SEIS DÍAS

s posible la creación del universo, del planeta que habitamos con toda su diversidad y riquezas en tan sólo los seis días que mencionan los textos de la Biblia?

Ésta es una cuestión que salta a la vista de manera radical. Cuando, líneas atrás, se mencionó la necesidad de un contexto originario del universo bajo la luz de la cosmogonía, se hizo sobre todo con el afán de considerar la necesidad de la credibilidad sustentada en la reflexión seria y profunda, que condujese a entender la complejidad de un texto de suyo bastante complejo, bastante complicado. Por eso, desde hace unos ciento cincuenta años más o menos, a la luz de las nuevas teorías científicas afincadas en un estricto espíritu científico, los estudiosos y los científicos voltearon hacia la Biblia en un natural impulso de investigación, para tratar de conciliar el espíritu religioso con el espíritu científico, de sobra distanciados, especialmente desde el siglo XVII, cuando apareció el *Discurso del método*, de René Descartes, que propuso por primera vez establecer la necesidad de entender los fenómenos de la naturaleza y del pensamiento, ya no a la luz de la religión y del pensamiento teológico, sino a la luz de la razón y del espíritu netamente científico, capaz de explicar de manera racional todos los fenómenos de la naturaleza y del ser humano de manera más lógica, más asequible para la mente del hombre común y corriente. Fue así que la ciencia evolucionó de manera sobresaliente a la luz de estas

nuevas posibilidades cognoscitivas, epistemológicas, según los más enterados, y tuvo grandes avances en todos los campos, creándose, asimismo nuevos páneles de conocimiento científico. De manera especial cuando, gracias a los descubrimientos antropológicos de Cro-Magnon y Neanderthal, se revolucionaron por completo las fechas hasta entonces aceptadas del origen del mundo y del hombre, que correspondía a los famosos seis días de que habla el Génesis bíblico, a lo que las autoridades eclesiásticas trataron de ordenar los simbólicos seis días bíblicos a seis mil años, para que diesen la apariencia de que el origen del mundo y del hombre, efectivamente, habían sido producto de la voluntad divina y no de la concatenación inimaginable de fuerzas y energías cósmicas que derivaron primero en la creación del universo y posteriormente en la creación del hombre y de la naturaleza, con

toda la complejidad que lo rodea. En un esfuerzo intenso para defender la tesis religiosa de la creación, surgieron, en el siglo XIX, numerosos autores, entre quienes destacó uno anónimo, que hizo circular un curioso libro titulado: *Primeval man unveiled; or the antropology of the Bible,* que traducido significa: *El hombre primitivo develado; o la antropología de la Biblia,* donde el autor pone en evidencia la imposibilidad de defender tal argumentación; citamos algunas líneas: "¿Debemos, frente a los abrumadores descubrimientos de la geología y la antropología respecto de la antigüedad del hombre, circunscribirnos a los seis mil años y a la creación "especial", o aceptar con sumisa admiración nuestra genealogía y descendencia del mono, a fin de evitar la penalidad que comúnmente recae sobre todos los que se apartan de las trilladas sendas, tanto de la teología como del materialismo?".[11]
Éste era el ardiente espíritu del debate que se desencadenó tras la aceptación de las tesis darwinistas en el seno del pensamiento científico de la Inglaterra victoriana de la segunda mitad del siglo XIX, y que vino a revolucionar por completo las tesis y las afirmaciones del Génesis bíblico, por cuanto si la creación y el origen del hombre se habrían realizado en tan sólo seis días o seis mil años. Gracias a los descubrimientos científicos del siglo XX se sabe por ejemplo, mediante la teoría del Big-bang, que el universo conocido cuando menos tiene un origen que se remonta hasta los cinco mil millones de años, cifra que ya nos parece bastante inabarcable en términos de la vida humana que, cuando mucho, dura en promedio ochenta años: uno se pregunta ¿qué son 80 años frente a cinco mil millones de años?, sólo polvo en el viento. Sin embargo, también es muy posible que, si somos un experimento genético de seres superiores, y ellos viajan en naves que recorren tremendas distancias a velocidades inconcebibles para cualquier mortal, de la misma manera es entonces creíble que puedan entrar y salir a su gusto de la cuarta dimensión en la que el tiempo se detiene y los seis días mencionados sean efectivamente seis días pero ¡para ellos! Y para nosotros sean miles de años.

[11] Citado por H. P. Blavatsky. *La doctrina secreta*, vol. II, editorial Kier, Buenos Aires, Argentina, 1960.

Así que la tesis bíblica del Génesis desgraciadamente, al menos desde hace ciento cincuenta años, ha estado siendo superada mediante el avance prodigioso de la ciencia, confirmándonos que en realidad somos hijos de Dios y de las estrellas y que nuestra antigüedad antropológica no puede reducirse ni a los seis días de la creación bíblica, ni a los seis mil años postulados por la teología católica dogmática, ni a los quinientos mil años del hombre de Pekín, o a los dos millones de años de antigüedad del antropoide africano. Queda el enigma de nuestro origen como algo desconocido e impenetrable hasta el día de hoy.

El árbol como figura arquetípica

ntes de pasar al enigma del Jardín del Edén, demos un repaso a lo que la siempre viva presencia del árbol ha significado como símbolo, como modelo arquetípico para muchas de las religiones que lo consideran como parte esencial en la explicación y en la comprensión de lo divino en lo humano.

El árbol ante todo pertenece al reino vegetal. Fue adoptado por casi todas las religiones antiguas y verdaderas del mundo. Aún en nuestros días en que se le destruye con saña en pro de una insensata concepción de progreso que en vez de avanzar, retrocede, porque nos desnuda y nos pone en evidencia más que como especie inteligente, como una especie depredadora que se empecina en destruir todo lo que significa vida y salud, cuando por casualidad asistimos al derribamiento de un árbol, muchos de nosotros nos sentimos avasallados al ver la mortal belleza de un gigante derribado y nos percatamos, aunque sea de manera instantánea al verlo caído, que algo más que sorpresa se agita dentro de nosotros, confirmándonos también, aunque sea de manera instantánea que, en efecto, en el árbol hay algo de sugerente, misterioso, arquetípico. En la antigüedad, la más remota incluso, el árbol era considerado como algo sagrado porque representaba al Macrocosmos, al Orden Divino del Gran Universo, cuya divinidad se manifestaba mediante el hecho de que crecía de una simple semilla que descendía del espacio para elevarse de nuevo hacia él.

Entre los griegos, persas, caldeos y japoneses, el árbol representaba el eje del mundo a partir del cual éste evolucionaba. El sabio Kapila de la India antigua, declaraba que el universo era en realidad un árbol eterno, Brahma, quien brotaba merced a una semilla imperceptible e intangible que representaba simbólicamente la mónada material. Los cabalistas medievales representaban la creación como un árbol cuyas raíces se sumergían en el Reino del Espíritu y sus hojas brotaban en la ilusión de la existencia tangible. Asimismo, el árbol también significaba la representación directa de la verdadera sabiduría que una entidad humana puede alcanzar merced a su infatigable voluntad de llegar a lo divino partiendo de lo humano; por ello no es de extrañar que el árbol aparezca ya como una presencia individual, ya como conjunto (bosque o jardín), en el simbolismo del Jardín del Edén.

EL JARDÍN DEL EDÉN

"Había Jehová Dios plantado un huerto en Edén al oriente, y puso allí al hombre que había formado. Y había Jehová Dios hecho nacer de la tierra todo árbol delicioso a la vista y bueno para comer: también el Árbol de la Vida en medio del huerto, y el Árbol de Ciencia del Bien y del Mal. Y salía de Edén un río para regar el huerto, y de allí se repartía en cuatro ramales."

El Jardín del Edén es un tema que desde los orígenes del cristianismo ha ocupado el interés de los grandes padres de la Iglesia que veían en él no solamente la expresión del poder y la bondad inefable de Dios para con el hombre, sino la confirmación de que, al final de los tiempos anunciados tanto por los profetas como por los evangelistas, especialmente por San Juan en el Apocalipsis, habrá de llegar un tiempo ideal basado, sustentado esencialmente en la noción del Paraíso del Edén, como el anhelado regreso hacia una edad de oro edénica que surge desde el más recóndito pasado para volver a manifestarse en el más recóndito futuro. Por ello, el enigma del Jardín del Edén es más que una mera curiosidad geográfica, histórica o antropológica como lo tratan de ver, en especial muchos estudiosos bíblicos de nuevo cuño que se amparan de manera casi dogmática en una visión estrictamente literal de la palabra escrita. Estas tesis tratan de apoyarse en el hecho de que la descripción que aparece en el Antiguo Testamento se fundamenta en la relación casi puntual de cuatro ríos: Pisón, Gihon, Hiddekel y el Éufrates, dada por sus redactores anónimos (Génesis 2,10-14). Muchos han creído ver en el tercer río, el

Hiddekel, al río Tigris, que, como se sabe, conforma, junto con el Éufrates, lo que histórica y geográficamente se conocía como "Las fértiles tierras de la Media Luna", lugar geográfico en que florecieron las antiguas civilizaciones de Sumeria, Acadia, Caldea, Asiria y Babilonia, ubicadas al norte de Siria, entre los territorios que, en la actualidad, pertenecen a los Estados de Irán e Irak, especialmente a este último. El enigma surge a partir del hecho de que si en el primer capítulo Dios crea el Universo, los Cielos y la Tierra, ¿cómo es que de inmediato, en el capítulo siguiente, ya aparece el hombre creado, puesto por Dios en el Jardín del Edén? Dice un viejo adagio latino: *Natura non fecit saltus*: "La naturaleza no crea o procede a saltos", lo que pone de manifiesto que si Dios y la naturaleza y el hombre son parte de la misma esencia, ya que naturaleza y hombre son creaciones divinas, lo menos que podía ocurrir en la narración bíblica es que Dios diera un salto cualitativo monumental para pasar repentinamente de lo cosmogónico a lo puramente antropológico, con el añadido, además, de querer encontrar hasta una ubicación geográfica para efectuar tal salto, ignorando la existencia de otras civilizaciones tan antiguas como la hebrea o más, como lo podría ser, sólo por citar algunos ejemplos, la egipcia, la hindú, la china o la sumeria. Sin duda, no se puede negar que más que voluntad divina, fue más bien la voluntad de los ingenieros civiles que formaban parte del formidable equipo que vino a "diseñar" la Tierra como un lugar habitable, pues es admirable ver la perfección en la ingeniería hidráulica y mecánica de ríos, lagos y lagunas en todo el planeta, y lograron una sugerente localización idílica del Jardín del Edén.

Ahora bien, ¿cuáles fueron las razones para realizar tal hecho? ¿Existe el recuerdo o la añoranza de algún hecho olvidado en el lejanísimo pasado y que de alguna manera revive en el ánimo del redactor desconocido de la palabra sagrada? El análisis de las palabras, a la luz de la etimología, nos puede informar más al respecto. Así, tenemos la frase: "Jardín del Edén".

"Jardín", proviene del francés *jardín*, y éste a su vez del alemán *garten*: terreno donde se cultivan cosas deleitosas por sus flores, matices o fragancias; y que suele adornarse además con árboles o arbustos de sombra, fuentes, estatuas, etcétera"[12]. Hasta aquí la definición lingüística. De esta definición se desprenden algunas cosas:

1. Se deriva del francés y del alemán y designa puntualmente un lugar hermoso, florido y exuberante. De la palabra francesa *jardín*, sabemos que por fonética nos da la pronunciación: "yardan", lo que la acerca al término hebreo de "Jordán", el cual es el nombre del río que desemboca en el Mar Muerto y cuya significación es "lo que remoza, hermosea y purifica". Este río nace en el Monte Hermón, fluye a través de las aguas del Merom al Mar de Galilea, desde donde después de descender hasta 396 metros bajo el nivel del mar, finalmente se precipita en el Mar Muerto. Se hizo célebre desde hace dos mil años porque en él Juan, El Bautista, bautizó a Jesús al cumplir los treinta años de edad, momento en que inició su vida pública de tres años, hasta concluir con su crucifixión y muerte en el Monte Calvario. Otro de los nombres con que se conoce al Jardín del Edén, es el de Paraíso, palabra con la cual se dio una cosa curiosa. Al revisar en la historia occidental, remontándonos hasta los siglos XII y XIII, durante la época de las cruzadas, además de los afanes propios de estas guerras, que era reconquistar los lugares santos que estaban en poder de los musulmanes, también, curiosamente, existía la necesidad, especialmente entre la gente de la iglesia, de ubicar o tratar de ubicar de una manera exacta, en lo posible, el Jardín del Edén. Así, aparecieron en la escena papal, unos documentos inusuales, dada la época en que ocurrieron los hechos (hacia el año de 1165); estos documentos, unas cartas misteriosas que eran llevadas por unos emisarios, enviados por el no menos enigmático y casi desconocido en nuestros días Preste Juan de las Indias, quien era considerado un fantasioso Rey del Mundo, iban dirigidas al Emperador de Bizancio y al Papa. En ellas se

[12] *Diccionario enciclopédico abreviado*, Espasa-Calpe, t. V; Madrid, 1957.

decía que el Paraíso Terrenal estaba situado cerca de los dominios del Preste, sólo a tres días de viaje de ese reino desconocido; pero el caso es que nunca se supo con exactitud la ubicación. Posteriormente, cuando Colón descubrió el río Orinoco, estaba convencido firmemente de que debía encontrarse en algún lugar de la costa del Asia oriental, porque creía que estaba sobre uno de los cuatro ríos enigmáticos del Edén. Sin embargo, a pesar de todo esto, subyace la creencia aún entre los estudiosos serios y los eruditos de que la ubicación del Paraíso, aportada por la Biblia, debe contener algún elemento de verosimilitud. En ese sustrato se especula que desde el siglo XIX, hasta nuestros días, se han formulado entre ochenta y noventa diversas tesis que tratan de ubicar en la geografía de nuestro planeta al enigmático jar-

dín, desde lugares tan disparatados como Alemania o Suecia hasta lugares más cercanos en tiempo y en historia como la península arábiga, o Irán e Irak. Las hipótesis más admisibles son las que lo ubican precisamente entre los dos ríos mesopotámicos, en las ya inexistentes tierras fértiles de la Media Luna. En este sentido, a la etimología de la palabra Paraíso, la tratan de hacer surgir de la palabra persa *pardes*, que significa literalmente "parque"; por esta razón, tal palabra no aparece consignada en la Biblia. También se han considerado a los ríos Nilo y Ganges, que como se sabe, son los ríos sagrados de Egipto y de la India, que en gran medida fueron fundamentales para el desarrollo de sus respectivas civilizaciones. Algunos estudiosos han querido ver entre los relatos de *Las mil y una noches*, traducidos por Galand al francés, en 1708, ciertas posibilidades de identificar la oscura identidad geográfica del escurridizo Jardín del Edén, el cual todavía ejerce una fascinación notable hasta nuestros días. En la lengua griega la palabra *paraíso* se dice y se escucha como "paradeisos", que tiene las significaciones sucesivas de "parque, paraíso, edén, cielo". Si aplicamos el método que ya hemos utilizado para encontrar otros significados, probablemente hallaremos cosas interesantes. Trasladamos, según la fonética griega, al castellano: para-de-isos; y encontramos tres palabras: "para", "dei", (a esta le agregamos la "i" al final) e "isos". Analicemos cada una por separado. La palabra "para", entre sus muchas significaciones en griego tiene las de: "al lado, junto a, el que viene de parte de, cerca de, a causa de, el de contra"; por extensión, algunos estudiosos le han adjudicado la significación de "semejanza o semejante a". El segundo vocablo, "dei", significa "Dios", al igual que en latín; en la tercera palabra, "isos", por trasposición cambiamos la "o" por la "i" y tenemos la palabra "Isis", que es el nombre de la deidad femenina más importante del panteón egipcio. Isis, diosa madre, representa la naturaleza, es la esposa de Osiris y la madre de Horus. Por extensión, se le conoce como la diosa de la fertilidad, de la tierra, del universo, y guarda mucho parecido con la Afrodita-Venus de la civilización grecolatina: se podría decir que casi significan lo mismo. Se entiende que al ser expresión de la generosidad de la naturaleza, también comporta la noción de "vergel", de algo que, considerado en el reino vegetal, expresa con claridad el concepto o la idea de abundancia. Así que de la palabra *"paradeisos"* extraemos al menos cuatro significados:

1. Cerca o al lado de...

2. Semejante a...

3. Dios.

4. Diosa madre de la naturaleza y, por extensión, fertilidad, abundancia y exuberancia vital.

De lo anterior podemos establecer la siguiente definición:

"Tierra de la Madre Divina, que por estar cerca de Dios, como naturaleza, es semejante a Él."

Se entiende ahora con mayor claridad la gran capacidad de sugerencia que el término como tal expresa: simple y llanamente quedaría el significado de: "Semejante a Isis" (Paraisis). Si observamos que la cualidad que sobresale de este jardín místico es la exuberancia vegetal de la naturaleza, sin duda, entonces, este jardín alienta la idea de algo idílico que se pierde en la memoria del hombre, que, sin embargo, en cierta medida es recuperado por esta significación, llamémosla "cabalística", que nos remonta a una lejana edad llamada por los poetas y creadores de mitos, "la edad de oro o primigenia", lugar, momento idílico, cuya añoranza a lo largo de los siglos ha estimulado no pocas cosas en el espíritu y en el ánimo de los hombres, al menos desde el origen del cristianismo, que ven en él un lugar de redención, al cual la humanidad regenerada, renovada, habrá de llegar un día, si atendemos al contenido escatológico de la noción que el Paraíso Terrenal contiene, porque se asemeja, según la significación de la palabra griega, con la noción de cielo. Así, el Jardín del Edén no sólo es un misterio –tal vez uno de los más importantes de la Biblia–, sino incluso es la representación mesiánica y salvífica de un cielo al cual el alma cristiana en nuestros días aciagos, a pesar de todo, aspira a llegar. Ha sido tan fuerte el impacto de la noción de Paraíso, que los pintores del Renacimiento a menudo crearon obras maestras con este tema que hasta nuestros días han quedado como muestras acabadas del ingenio, de la belleza y de la búsqueda de un ideal de perfección que anhela encontrarse.

Sin embargo, este tema encierra numerosos misterios, de los que bien puede hablarse con un dejo de duda si es verdad lo descrito en la Biblia sobre el Jardín del Edén y los orígenes lingüísticos de este título, lo cual nos lleva a pensar en una posible rivalidad entre dos grupos diferentes de extraterrestres (por la diferencia de lenguas), uno simbolizado por la serpiente y el otro condenando históricamente a la intervención de éste, por medio de dicho símbolo, como algo malo y tenebroso. Y pensar en los dos primeros moradores del paraíso nos lleva al moderno y discutido tema de la clonación: al haber sido sacada Eva de una costilla de Adán, quizás lo que se puso de manifiesto fue un experimento de clonación muy avanzado, o ¿fue el Jardín del Edén tan sólo una reserva de bioingeniería experimental conducida por expertos tecnólogos extraterrestres, cuyos resultados continúan observando hasta el día de hoy?

Adán y Eva, los hijos de Dios y los gigantes

La tierra era un verdadero Jardín de las Delicias, que nos remonta hasta el recuerdo de una edad de oro en que todo era idílico: no existían ni el mal ni la enfermedad; debemos pensar que quizás tampoco existía la muerte, no al menos como hoy la conocemos; fría, inexorable y verdaderamente trágica.

Y de pronto, según la narración bíblica, fueron puestos por Dios, en el Paraíso, Adán y Eva, para que disfrutaran de sus delicias. Cabe preguntarse: ¿la presencia de Adán y Eva se refiere sólo a dos personas perfectamente identificadas con estos nombres o, más bien, es la designación simbólica de una humanidad ya desaparecida entre las brumas del tiempo y del misterio, merced a las muchas experimentaciones realizadas por los extraterrestres?

En este sentido, la Biblia ofrece ciertos atisbos que conducen hacia aspectos más lejanos, desconocidos, que se hunden en las aguas del misterio, de los orígenes del hombre, del universo, y de la naturaleza que rodea a aquél.

Ya no es un hecho en nuestros días el que se tenga que tomar al pie de la letra la palabra poética de la Biblia, porque no es un secreto que ante los arrolladores avances de la ciencia y la tecnología la palabra bíblica haya sido desplazada hacia el ámbito natural al que pertenece por derecho propio: el de la religión, la literatura y el del arte en general. Por ello, retomar la palabra bíblica nos permite tratar de penetrar en las insondables lagunas del misterio que rodean a este libro de libros. Sin duda, el enigma que representan las presencias, primero idílicas y posteriormente trágicas, de los padres de la humanidad en el Jardín del Edén (en donde fueron puestos por una divinidad para ser posteriormente expulsados, condenados a ganarse el sustento diario con el sudor de la frente), moldeó también el incierto y trágico destino del hombre desde entonces en su errar por esta tierra, enfrentando a Dios, a la naturaleza, bajo el rostro de una necesidad que sigue siendo hasta nuestros días el principal detonador de la vida del hombre. Ésta es tal vez la herencia más trágica que la humanidad le debe a sus míticos padres porque, según el Génesis, Eva fue la culpable de que Dios los expulsara del Paraíso Terrenal al haber obligado a Adán a comer el fruto prohibido (para muchos, del Árbol de la Vida, para otros, del Árbol de la Ciencia del Bien y del Mal), representado por la mítica manzana que les valió ser expulsados drásticamente, por la Divinidad, del idílico lugar; todo lo cual puede leerse en el capítulo 3 del Génesis.

Pero el cuestionamiento a seguir es: ¿Por qué Dios o los dioses no querían que ellos comieran de ese fruto o de esos frutos, tanto si era uno solo o eran dos los árboles prohibidos para ellos? La misma Biblia responde:

Génesis 1,26 "Y dijo Dios: hagamos al hombre a nuestra imagen, conforme a nuestra semejanza..."

Génesis 2,17: "Mas del Árbol de Ciencia del Bien y del Mal no comerás; porque el día que de él comieres morirás".

Génesis 3,22: "Y dijo Jehová Dios, he aquí el hombre, es como uno de Nos, sabiendo el bien y el mal: ahora, pues, porque no alargue su mano y tome también del Árbol de la Vida y coma, y viva para siempre..."

Es fascinante encontrar no sólo atisbos religiosos, paranormales y ufológicos en estos pasajes, sino también ver que si, efectivamente, Adán y Eva fueron los primeros "experimentos" a escala en una reserva experimental, también dentro de su psique se programó la moral como algo que debían aprender. ¿El libre albedrío les fue concedido para ejercitarlo o únicamente se esperaba de ellos que fuesen como unos robots que hicieran todo cuanto se les indicaba sin protestar y sin pensar en nada más?

Cuando nuestros hipotéticos primeros padres fueron expulsados del Paraíso y condenados a ganarse el pan con el sudor de su frente, el Génesis dice que tuvieron que irse a un lugar cercano al mítico Edén, en donde ambos tuvieron dos hijos, Caín y Abel, de los cuales se afirma, con mucha consistencia, que fueron en realidad los grandes progenitores de una nueva humanidad.

Todo en esta trágica relación de hechos pone de manifiesto que tras la simpleza del relato bíblico, subyacen muchas ideas que podrían dar, o dan testimonio más allá de la literalidad religiosa, de una humanidad desaparecida cuyos vestigios han llamado poderosamente la atención, pues continúan haciéndose en nuestros días preguntas acerca de, por ejemplo, la existencia de aquellas construcciones monumentales de Baalbek en Asia Menor, que hasta el presente no tienen una respuesta satisfactoria, pero que ponen a pensar seriamente en la existencia de gigantes que habitaron la Tierra, y que de alguna manera fueron, de acuerdo con muchas leyendas y mitos, una especie de preceptores, instructores, para una humanidad supuestamente descendiente de Adán y Eva, y a quienes en un momento determinado de ese *ignoto* pasado, Dios hubo de castigar tan severamente que incluso se pensó en el serio peligro de extinción de la vida humana gracias a otro fenómeno inexplicable y misterioso que la Biblia recoge en sus páginas: "el Diluvio Universal".

¿Por qué la contradicción de ese Dios que primero crea al hombre a "su imagen y semejanza" para más adelante prohibirle comer un fruto para que no sea como Él mismo? Es posible entonces que los "dioses-extraterrestres" hayan cometido algún error de programación y el experimento se les haya salido de las manos, y la única solución que encontraron fue destruir a la humanidad para volver a empezar, ya que otro de los puntos que se prestan para que los curiosos quieran saber qué fue lo que realmente sucedió con la creación y la existencia de la humanidad, de los primeros padres (Adán y Eva), de los hijos de Dios (los elohim), o quienes pudieran ser (¿posiblemente extraterrestres?), y de la descendencia de los hijos de los dioses con las mujeres humanas, son los gigantes. ¿Por qué el énfasis de la Biblia al hablar de la existencia de gigantes?

Leemos en el Génesis, capítulo 6, versículo 4:

"Había gigantes en la Tierra en aquellos días, y también después que se llegaron los hijos de Dios a las hijas de los hombres, y les engendraron hijos. Estos fueron los valientes que desde la antigüedad fueron varones de renombre..."

¿Quiénes son los hijos de Dios, y por qué tendrían que haberse mezclado con las hijas de los hombres? lo más probable es que hayan sido diferentes grupos de extraterrestres que, al ver que la Tierra ofrecía buenas condiciones de vida, decidieron afincarse en ella, y al salir Adán y Eva del Jardín del Edén y reproducirse, entonces los gigantes iniciaron la mezcla de razas viendo que era buena.

Antes de continuar, hay que hacer un pequeño alto para reflexionar sobre el capítulo 5 del Génesis, que corresponde a la Genealogía de Adán, y que llama la atención porque se habla de un linaje extraño que tiene la peculiaridad de hacer notar o dar a entender que estos personajes parecen haber vivido más de ochenta años (los ochenta años que hasta el día de hoy conocemos como un periodo de vida "normal" entre los seres humanos); y que después de haber engendrado hijos entre los sesenta y los ciento veinte años –¡todavía más!– parecen haber vivido un promedio de edad que fluctúa entre los seiscientos y los casi mil años de Matusalén. Este capítulo de la Biblia dice que el mismo Adán engendró a su hijo Seth a los ciento treinta años de edad, y después vivió ochocientos años; queda la duda de si los ochocientos años incluyen los ciento treinta de cuando fue engendrado Seth, con lo cual Adán habría vivido un total de novecientos treinta años. ¿Cómo era posible que las personas vivieran tantos años? ¿Habrían sido gigantes y por esta razón vivieron todos esos años? O bien, ¿la programación original estaba calculada para que viviesen muchos años, tal vez miles; pero los creadores, al ver cuántos defectos poseían sus creaciones y el daño que con éstos ocasionaban, decidieron acortar su periodo de vida? Ahora bien, es bueno recordar, por ejemplo, que la mitología griega distingue, de manera precisa, tres modalidades de personajes sobresalientes: los llamados dioses, los semidioses y finalmente los héroes. Esta división es considerada como definitoria de cada

etapa registrada en obras como las de Homero, Hesíodo y Píndaro, quienes distinguen con toda precisión a los dioses, semidioses y héroes y los diversos hechos y episodios que protagonizaron y que Platón recoge de manera puntual en sus Diálogos. ¿Por qué esta disquisición? Porque si recordamos lo que se dijo al principio (que la primera versión de la Biblia estaba escrita en griego), ¿por qué no pensar entonces, que sus anónimos redactores estaban bajo la idiosincrasia y la influencia de la civilización y el pensamiento griego, que nos hace recordar aquella máxima atribuida a Carlos Marx en el siglo XIX que dice más o menos: "La realidad determina la conciencia". Entonces, ¿no puede ser posible que los primeros redactores de la Biblia, más que ser judíos, fuesen griegos y, como tales, dejaran huellas visibles en su modo de redactar el santo libro? Y una de esas huellas puede ser precisamente, la que dice: "éstos fueron los valientes que desde la antigüedad fueron varones de renombre", tal como lo menciona la Biblia. Vemos además que la presencia de gigantes es consignada sin rubores en el santo libro; en Génesis 6,4: dice: "Había gigantes en la Tierra en aquellos días, y también después que se llegaron los hijos de Dios a las hijas de los hombres, y les engendraron hijos. Estos fueron los valientes que desde la antigüedad fueron varones de renombre". No dudaríamos en afirmar que cualquier estudioso del estilo de redactar del griego antiguo reconocería que esta oración –ciertamente más allá de lo formal– expresa una convicción estética que permite al menos, especular más allá del hecho bello, y pensar que esos varones de renombre de alguna manera serían estos héroes griegos que también fueron registrados en la Biblia, aunque de manera genérica y tal vez fortuita. Piénsese en la similitud que existe, por ejemplo, entre Hércules y el héroe judío Sansón, a los cuales nos referiremos más adelante. También se consigna su presencia en Números 13, 33: leemos: "También vimos allí gigantes, hijos de Anac, raza de los gigantes; y éramos nosotros, a nuestro parecer, como langostas; y así les parecíamos a ellos". En Deuteronomio, también se consigna la existencia de un lecho o misteriosa cama de hierro que tiene nueve codos de largo por cuatro codos de ancho. Si tomamos en cuenta que un codo medía casi treinta centímetros de largo, está cama tendría un metro con veinte centímetros de ancho por dos metros con setenta centímetros de largo. Y si consideramos que el hombre más alto registrado en la actualidad mide dos metros con treinta y cinco centímetros, incluso los dos setenta de la medida bíblica parecen ya algo inverosímil. Hay estudiosos serios que han considerado que los relatos del Génesis y del Diluvio son a la vez recuerdos y profecías, que reproducen extraños relatos de lejanos acontecimientos cósmicos; que el mismo texto del Apocalipsis con sus significación críptica –que nunca se ha descifrado–, sería como una especie de testimonio escrito de esas catástrofes celestes y terrestres, vividas y observadas por los seres humanos en el devenir de las edades. ¿Los seis días de la creación (o los seis mil años) pueden ser alguna expresión críptica, cerrada, esotérica, del conteo del tiempo humano, cuyo recuerdo se remonta más allá de lo imaginable, incluso para nuestra ciencia actual? Los gigantes y sus tradiciones y leyendas mundiales permanecen como mudas estatuas que seguirán atestiguando uno de los inexplicables misterios acerca del origen del hombre y su incierto destino.

Según el Génesis, la prevaricación de estas entidades fue lo que obligó a Dios a desatar el castigo del Diluvio Universal. Desde hace aproximadamente unos cincuenta años, en Estados Unidos y en algunos países de Europa, comenzaron a hacerse más notables los estudios y las investigaciones de diversos grupos de personas que, inconformes tanto con la palabra escrita de la Biblia como con los dictámenes de la ciencia oficial, y, sobre todo, alentados por experiencias directas de hallazgos arqueológicos sorprendentes e inusuales, han revisado las leyendas y el folclor de los pueblos, encontrando numerosos testimonios que indican, en muchos casos de manera abierta, que la presencia de gigantes en la humanidad fue algo más que una quimera o una suposición de índole fantasiosa. Por ejemplo, en 1965, arqueólogos ucranianos desenterraron tumbas que ellos catalogaron como "citias", que de alguna forma sugiere mucho a los antiguos "escitas", y en las que se encontraron, para asombro de todos, sepulcros de las Amazonas. Radio Moscú reportó al respecto: "Las leyendas cuentan que estas mujeres tenían relaciones con los 'citios'. La descendencia femenina era retenida y entrenada en el arte de la guerra. Los muchachos, en cambio, eran sacrificados, muertos, mutilados o entregados a su padre. Una de las leyendas más antiguas de la historia ha sido confirmada como verdadera, las amazonas fueron reales y vivieron en nuestro país". Otro testimonio palpable de la existencia de gigantes en una época antiquísima fue la epopeya de Gilgamesh, escrita en doce tablillas de arcilla, que fue descubierta cerca de las colinas de Kujundjik, en el año 1872. Mientras traducían las tablillas, los historiadores no salían de su asombro por las referencias encontradas en ellas de los dioses de los cielos y de sus visitas a la Tierra. Gilgamesh es el descendiente de estas uniones, un hombre-dios que vive en un majestuoso palacio. Una tablilla cuenta que Gilgamesh oyó un ruido repentino una tarde, cuando el dios-sol descendió para llevarse a Enkidu, un inocente compañero, hacia los cielos.

Es sorprendente que en este relato mítico algunos han visto la presencia de ingenios voladores que debieron haber visitado la Tierra y que mantendrían un contacto constante con ciertos habitantes de la misma, probablemente debido a ciertas cualidades de éstos que les permitían soportar su presencia. Este capítulo de la leyenda de Gilgamesh hace recordar también el episodio de Elías siendo llevado al cielo de manera enigmática por un carro de fuego (¿platillo volador?). Queda el enigma de los gigantes como algo que todavía sacude la conciencia de los curiosos y los investigadores de nuestros días.

El Diluvio Universal

a narración del Diluvio Universal en la Biblia nos da la pauta para considerarlo como uno más de los misterios que presenta este libro. Leemos en el Génesis 6,13 y siguientes:

"Dijo, pues, Dios a Noé: He decidido el fin de todo ser, porque la tierra está llena de violencia a causa de ellos; y he aquí que yo los destruiré con la tierra. Hazte un arca de madera de gofer: harás aposentos en el arca, y la calafetearás con brea por dentro y por fuera..."

Igualmente en el capítulo 7,10 y siguientes:

"Y sucedió que al séptimo día las aguas del diluvio fueron sobre la tierra. El año seiscientos de la vida de Noé, en el mes segundo, a diecisiete días del mes, aquel día fueron rotas todas las fuentes del grande abismo, y las cataratas de los cielos fueron abiertas; y hubo lluvia sobre la tierra cuarenta días y cuarenta noches."

Esta parte del relato abarca casi por completo los capítulos sexto y séptimo del Génesis. Este evento casi desconocido, curiosamente es tal vez el más consistente de entre los enigmas de la Biblia, porque, con él, el Libro Sagrado ofrece mejores posibilidades de que el relato bíblico y su contenido deje de ser sólo una narración divina mitológica, poética, para convertirse en hecho histórico. Quizás ésta sea la razón más poderosa que alienta y estimula a muchos espíritus aventureros, no sólo del presente, sino también del pasado, que buscaron y buscan cotejar el espíritu poético y divino con el rigor del hecho histórico.

La palabra "diluvio" viene del latín *diluvium,* de *de* y *luere* que significa "lavar". Inundación de la tierra o de una parte de ella, provocada por lluvias muy abundantes. Por antonomasia, el Diluvio Universal con el que según la Biblia, Dios castigó a los hombres en tiempos de Noé. En términos generales, el Diluvio Universal se presenta como ocurrido en la época de Noé, provocado por Dios para castigar a los hombres, permitiendo que sólo Noé, su familia y una pareja representante de cada especie animal pudieran salvarse de la catástrofe. A lo largo de cuarenta días llovió ininterrumpidamente, provocando una inundación que alcanzó quince codos por encima de la montaña más alta, con lo cual fue destruido todo lo que se encontraba en la tierra firme.

La Biblia dice que el Arca estuvo flotando a la deriva a lo largo de 376 días, es decir, un año y once días, hasta posarse, por fin, sobre la cima del monte Ararat.

Para la gran mayoría de estudiosos e investigadores, el diluvio, tal cual es relatado, es imposible que haya ocurrido, porque nunca podría haber caído de la atmósfera tal cantidad de agua que pudiera inundar la tierra, incluso hasta las montañas más elevadas. Así, otros estudiosos opinan que los hechos narrados sólo debieron haber ocurrido de manera regional, local, y, además, sobre tierras muy planas, y que así sí podría ajustarse el relato bíblico, de alguna forma, a la realidad. Sólo los seguidores religiosos muy apegados al esquema de la palabra escrita se aferran a la creencia de la universalidad del fenómeno pluvial. Pero, decíamos, tal vez sea por su mismo carácter de no creíble que este relato es susceptible de ser corroborado, tanto por el folclor universal como por ciertos hallazgos recientes que confirman que en realidad algo ocurrió hace 8 mil u 11 mil años aproximadamente, en casi todo el planeta.

La mayoría de las religiones antiguas y los mitos que les dieron origen, hablan de un fenómeno que por sus dimensiones puso en peligro no solamente a la humanidad, sino a toda la vida que cubría el planeta. Son numerosas las leyendas que hablan de este fenómeno; tan sólo en Asia se localizan 13; en Europa, 4; en Australia y los archipiélagos del Pacífico, 9; en América, 37; de las cuales, 16 corresponden a América del Norte, 7 a la América Central y 14 a la América del Sur. La duración estimada del fenómeno pluvial oscila en los relatos entre cinco días y los 52 años de los aztecas. En 17 de los casos, el fenómeno ocurrió a causa de la lluvia, pero también se le achaca el Diluvio a nevadas, derretimiento de glaciares, tifones, tormentas, terremotos y maremotos. Por ejemplo, la leyenda china refiere que un demonio malo llamado Kung-Kung, en un arrebato de cólera, rompió de un cabezazo una de las columnas que sostenían al cielo, cayendo así toda la bóveda celeste sobre la tierra, y por ello todos los países fueron inundados por unos aguaceros gigantescos.

Otro relato muy antiguo que habla del Diluvio, es el poema épico de Gilgamesh, hallado durante las excavaciones realizadas en la localidad de Kujundjik en el año de 1872 –en que se descubrieron tablillas y restos de la biblioteca real de Nínive, en el actual Irán–, escritos con caracteres cuneiformes y fechado aproximadamente hacia unos tres mil años a.C. En la tablilla 11, se relata el episodio en que el héroe Gilgamesh emprendió un viaje para visitar a su antepasado Unapischtim. Éste le habla del Diluvio del que fue testigo en tiempos pasados. Unapischtim es el Noé babilónico, quien avisado por presagios se salvó y salvó a los suyos, construyendo a tiempo una nave parecida a un arca, con la que pudo navegar de un lado para otro, en medio de la desolación general, hasta detenerse, después de siete días de estancia en el arca, en la montaña de Nizir, al este del río Tigris. Envió sucesivamente una paloma, una golondrina y un cuervo para que le indicasen si la inundación continuaba aún; abandonó finalmente el arca cuando el cuervo nunca regresó.

Es relevante la similitud que existe con el relato bíblico, por lo cual muchos críticos y estudiosos no han dudado en señalar al episodio babilónico como original y al Génesis bíblico como la copia.

La leyenda asiria del Diluvio también es muy parecida a la babilónica; Gilgamesh se llama Izdubar y el Noé asirio recibe el nombre de Xisuthros; en este caso, la cólera divina que originó el Diluvio no se dirige contra todo el género humano, sino que tiene por objetivo únicamente la destrucción de la ciudad de Schuruppak, la cual se encontraba a medio camino entre Hilleh-Babilonia y Bagdad, cerca de lo que hoy se conoce como el enclave de Abu-Habba.

Sucesivas investigaciones se han realizado en esa zona, y , gracias a huellas encontradas allí se ha podido determinar con certeza, especialmente en una zona cercana a la antigua Ur de los caldeos, el testimonio de una catástrofe violenta provocada por el agua, que se refleja en la forma de una gigantesca capa de barro a la que se le ha calculado una longitud de 600 kilómetros y una anchura de 150 kilómetros, sobre las desembocaduras de los ríos Tigris y Éufrates, alcanzando en algunos lugares hasta siete metros de altura. Corroborándose así científicamente un hecho considerado como mítico, el cual es narrado con cierta puntualidad en el Génesis. Además, es necesario preguntarse: ¿cómo Noé, un simple hombre, pudo construir un barco de dimensiones tales que pudiera albergar una pareja de tantos animales como existían en aquel entonces, además de su familia? La construcción de una nave así, denota adelantos extraordinarios en ingeniería naval, además: ¿qué Dios, dioses o extraterrestres cerraron la puerta de aquel navío una vez que hubieron entrado todos los que debían estar dentro? También cabe preguntarse: una vez que terminó el diluvio y pudieron bajar todos los tripulantes del arca, ¿dónde quedó? Existen testimonios de cristianos peregrinos que afirman haber visto restos del arca no en la cumbre del monte Ararat, pero sí a más de tres mil metros de altura. De acuerdo con sus informes, el arca se encuentra cubierta de hielo y nieve la mayor parte del tiempo, aunque cuando llega el verano, y éste es muy cálido, la nieve y el hielo se derriten y puede verse la estructura del arca.

Si atendemos a lo dicho, queda una duda muy interesante y muy curiosa: ¿La humanidad de aquellos tiempos era más longeva? porque ¿cómo se explica que el Génesis refiera el hecho de que el fenómeno ocurriera cuando Noé contaba con 600 años de edad? Cifra que por alguna razón hasta ahora desconocida no ha sido atendida (ni ésta ni otras) por la ciencia o por la historia, y son consideradas incluso como algo irreal o como un juego de niños; uno se pregunta: ¿si hace ocho mil o diez mil años el hombre vivía más, ¿cómo es que ahora sólo vive el equivalente al diez por ciento de las edades consignadas por la Biblia, que oscilan entre los 600 años de Noé y los 923 años de Matusalén? Lo único que queda es la atracción irresistible que el Jardín del Edén o el Diluvio Universal siguen ejerciendo entre los seguidores recalcitrantes de la palabra bíblica, pero el Diluvio, más allá de ser un acontecimiento aparentemente sólo narrado por la Biblia, es en realidad un fenómeno universal, cuyo registro aparece en muchos lugares del mundo y que demuestra que su universalidad se ha debido esencialmente al aspecto catastrófico y a sus desagradables consecuencias para una humanidad siempre oscilante entre el vértigo de la vida y el estupor provocado por un desastre semejante (considerado por casi todos los mitos y la leyendas del mundo como provocado por la cólera divina). Cabe preguntarse entonces: ¿la humanidad está sujeta a los caprichos de una divinidad antojadiza? O, si a la Divinidad no le parece bien el comportamiento de sus creaciones, ¿tiene la facultad de aniquilarlas? ¿Somos acaso un experimento supraterrestre sujeto a rectificaciones constantes por medio de la destrucción? ¿Es que no hay oportunidad de "salvarse" si no es únicamente siguiendo las instrucciones de esa Divinidad?

Sólo el tiempo nos permitirá corroborar con certeza si la humanidad ha sabido asimilar las enseñanzas morales resultado de esta catástrofe ancestral, o ésta galopa desaforadamente hacia un cataclismo similar, con sus consecuencias desastrosas. Mientras tanto, el enigma de este hecho universal no radica en que haya sido o no consignado por la Biblia, sino en la forma en que todavía estimula la fantasía e imaginación en los días de hoy, en que el cine norteamericano, por ejemplo, ha mostrado un interés más allá de lo común por ofrecer en películas estos fenómenos catastróficos y sus consecuencias.

Sodoma y Gomorra

medida que se van leyendo los capítulos del Génesis, el lector encuentra que la narración bíblica va dando cuenta de cómo los supuestos primeros habitantes de la Tierra fueron multiplicándose, asentándose en los territorios que conformaban esa zona geográfica tan especial: el Medio Oriente. Al respecto, es interesante señalar que las excavaciones realizadas por los ingleses a solicitud del Museo Británico en la antigua Mesopotamia en 1922, dieron como resultado el descubrimiento de la antigua Ur de los caldeos, lugar de nacimiento del patriarca Abraham, quien de acuerdo con la Biblia fue sacado de allí por Jehová, su Dios, para llevarlo a un lugar conocido como Sidom. Leemos en Génesis 12,6: "Y pasó Abraham por aquella tierra hasta el lugar de Sidom, hasta el encino de More, y el cananeo estaba entonces en la tierra", para seguir peregrinando, pues aquellos eran tiempos de sequia y hamburna que lo obligaron a penetrar en Egipto.

En el versículo 12 de este mismo capítulo se dice que Abraham se estableció en Canaán, y su hermano Lot hasta las inmediaciones de Sodoma. Y en los siguientes capítulos se narra una serie de hechos, entre los cuales sobresale el de que Abraham pide descendencia a Jehová, quien primero le hace concebir con una esclava egipcia un hijo que recibe el nombre de Ismael, a quien se le predice que de él se originará una descendencia numerosa. Es interesante destacar que este acto es señalado como punto de partida para el desarrollo de las tribus y naciones árabes que reconocen en Ismael a su patriarca, así como los judíos reconocen a Abraham, quien después de Ismael concibe un hijo con su esposa Sara, ya de edad avanzada. Este hijo recibió el nombre de Isaac.

Más adelante, en el capítulo 18 del Génesis, Jehová le anuncia a Abraham que va a destruir las ciudades de Sodoma y Gomorra. Dice: "Entonces Jehová le dijo: por cuanto el clamor de Sodoma y Gomorra se aumenta más y más, y el pecado de ellos se ha agravado en extremo..." para que en el siguiente capítulo se cumplieran la amenaza de destruir ambas ciudades, lo cual quedó consignado en el capítulo 19: "Entonces Jehová, hizo llover sobre Sodoma y sobre Gomorra azufre y fuego de parte de Jehová desde los cielos... Y destruyó las ciudades y toda aquella llanura con todos los moradores de aquellas ciudades, y el fruto de la tierra... Y subió Abraham por la mañana al lugar donde había estado delante de Jehová... y miró hacia Sodoma y Gomorra y hacia toda la tierra de aquella llanura miró; y he aquí que el humo subía de la tierra como el humo de un horno".

Este evento tan insólito como misterioso ha provocado muchas interrogantes entre estudiosos, quienes hasta el día de hoy no se explican qué tipo de catástrofe ocurrió realmente. Existen también aquellos que piensan que lo narrado guarda una gran semejanza con una explosión termonuclear, especialmente por la descripción de la columna de humo levantándose hacia el cielo, imaginándose la similitud con el hongo que se produce tras una explosión atómica. En realidad las lluvias de fuego y azufre no son habituales ni en erupciones volcánicas o terremotos, ni en el pasado en que, por ejemplo, están los testimonios de Pompeya o el Monte Pelé, o bien la isla de Krakatoa, cuyos volcanes explotaron de manera violenta y espectacular y meses después sus cenizas continuaban flotando alrededor del planeta, viéndose en Londres, casi al otro lado del mundo, nubes luminosas que procedían de ese volcán.

En relación con la mítica destrucción de Sodoma y Gomorra, por ejemplo, Estrabón, el gran geógrafo griego, nacido hacia el siglo I a.C., en su obra monumental relata la impresión que recibió al visitar la zona aledaña al Mar Muerto: "...según las tradiciones de los nativos, parece ser verdad que antes hubo en este lugar trece ciudades habitadas; que en la ciudad de Sodoma se conservan todavía las obras de circunvalación de sesenta estadios; que a consecuencia del terremoto, la tierra fue inundada de azufre caliente y agua sulfurosa procedentes del mar; que el fuego se extendió por las rocas y las ciudades se hundieron en parte y fueron abandonadas en parte por los que todavía no habían huido".[13]

De acuerdo a lo relatado por Estrabón, le había llamado poderosamente la atención la extraña historia de las trece ciudades desaparecidas, de las cuales la Biblia sólo consigna a Sodoma, Gomorra, Zeboim y Zoar, y Adma. Y al Mar Muerto se le conocía como el valle de Siddim, junto al mar salado... Y según lo narrado por este geógrafo, la catástrofe de Sodoma y Gomorra parecía más bien haber ocurrido como consecuencia de un intempestivo fenómeno natural. Además de Estrabón, Ptolomeo, otro autor griego, también conoció la historia, y en sus escritos denominó al Mar Muerto como *Sodomorum lacus*, o lago de Sodoma. Tácito, el autor de los famosos *Anales*, hizo una ligera mención de este episodio y dijo lo siguiente:"No lejos de él (el Mar Muerto) hay unas llanuras que antiguamente fueron fértiles y estuvieron ocupadas por grandes ciudades, pero al parecer éstas fueron destruidas por el rayo que las incendió".[14]

El Corán, libro sagrado del Islam, también registra en sus páginas testimonio de la catástrofe bíblica, en la sura LIII, titulada "La estrella", versículos 53,54,55: "y antes de éstos, al pueblo de Noé, que era el más malo y el más perverso; y a las ciudades derribadas, es él quien la ha derribado, y el castigo del cielo los envolvió por entero". Lo cual hace pensar que esta catástrofe en realidad fue un hecho histórico de tal envergadura como para que sobreviviese su testimonio mediante diversos relatos escritos en diferentes épocas. Muchos estudiosos, especialmente los alemanes, han realizado varias investigaciones *in situ* tratando de entender el fenómeno, que se acentúa si consideramos que el Mar Muerto es un lago de setenta y ocho kilómetros de longitud, diecisiete kilómetros de anchura y en sus partes más profundas

[13] Estrabón, XVI.

[14] Tácito, *Historiae*, v. 7.

alcanza hasta cuatrocientos metros por debajo del Mar Mediterráneo. Estos estudiosos han tratado de probar mediante el apoyo de la Geología, la Geografía, y la Biología, que el misterio que rodea a esta zona fue producto de cataclismos naturales, sin embargo, sus estudios avanzados también han podido determinar, más allá de las consideraciones científicas, que algo inexplicable ocurrió en realidad, que provocó el hundimiento del valle del Mar Muerto y su salinidad fuera de lo normal, porque es el lugar con el más alto contenido de sal en sus aguas (descartándose asimismo la idea de que todo fuera producto de un terremoto, una erupción volcánica u otro fenómeno parecido). Otros trataban de vincular el fenómeno con la erupción volcánica que sacudió a las islas de Santorini en el Mediterráneo hace unos mil quinientos años a.C., en Creta, y que su nube ardiente fue transportada por los vientos para caer sobre las ciudades de Sodoma y Gomorra; estas cenizas parecen haber sido la causa de la extraña oscuridad que envolvió a Egipto durante tres días y que también está consignada en la Biblia. En nuestros días, numerosos investigadores, ayudados con técnicas mucho más modernas (fotogrametría satelital y análisis fisicoquímicos mucho más especializados, por ejemplo), han logrado detectar en las profundidades del Mar Muerto la posible existencia de las cinco ciudades que desaparecieron por obra de Jehová, mismas que están consignadas dentro de la Biblia. Y tal novedad arrojó una nueva luz frente a un misterio que continúa desafiando la insaciable curiosidad del hombre. Debido a las características peculiares de este fenómeno, otros investigadores de lo insólito y lo paranormal han creído adivinar que detrás de la explosión bíblica, está la presencia de alguna remota civilización extraterrestre, que hizo uso de una tecnología por completo desconocida para la civilización actual. El historiador judío de los tiempos antiguos, a quien se considera como contemporáneo de Jesús, Flavio Josefo, en su libro de las Guerras afirma lo siguiente: "Fue consumida por rayos; y hay, en efecto, vestigios del Fuego Divino y restos apenas visibles de las cinco ciudades..." La sola mención de un rayo hace pensar seriamente en otro tipo de manifestación de una arma destructiva, y curiosamente se acerca a los testimonios igualmente insólitos que aparecen consignados en El Mahabarata y El Ramayana, que son epopeyas y libros sagrados de la India milenaria.

Hace unos veinticinco o treinta años, un grupo de investigadores descubrieron en un lugar de la orilla del Mar Muerto, en una península conocida como Bab Edh Dhra, un antiguo cementerio y un pueblo que contienen, según cálculos realizados, casi quinientas mil personas, cuyos restos han permanecido en ese lugar; posteriormente se descubrieron otros dos cementerios en la cercanías de este enclave, aproximadamente a unos sesenta y cinco kilómetros de la antigua Zoar, una de las míticas cinco ciudades desaparecidas junto con Sodoma y Gomorra, que pone de manifiesto la siguiente pregunta: ¿Qué tenían que hacer millón y medio de personas en un espacio tan reducido y en una época que se remonta al menos a casi 3,200 años a.C.? La interrogante continúa en el aire, desde la hipotética época en que ocurrió esta misteriosa explosión que hizo desaparecer a Sodoma y Gomorra, cuya presencia era ominosa y aborrecible a los ojos de Jehová.

Resulta curioso que estando la zona del Mar Muerto rodeada de volcanes apagados (entre ellos el más destacado, el bíblico Monte Tabor), los geólogos que la han estudiado hayan podido determinar con certeza que los volcanes llevan apagados varios miles de años, y si la explosión que destruyó ambas ciudades hubiese sido producto de actividad volcánica, tendrían que existir residuos visibles que confirmasen tal suposición, como en los casos de Santorini en Creta; Pompeya y Herculano en Italia, o el volcán del Xitle en México, que sepultó las ruinas de una localidad muy antigua conocida con el nombre de la cultura de Cuicuilco, catástrofes que han dejado muchas huellas visibles de la actividad volcánica. Todo esto hace suponer que otro tipo de manifestación, arcaica y extraterrestre, tuvo lugar en esa zona del mundo, como lo consigna el enigmático escritor Zecharia Sichim, en el libro *El 12 planeta*, quien aventura, incluso, la hipótesis de un extraño planeta conocido como Nibiru, Marduk, o Muviro, al que de alguna manera se le vincula con una serie extraña de acontecimientos cósmicos que aparecen consignados en testimonios antediluvianos que refieren catástrofes sobrenaturales causadas por dioses y seres extraterrestres, y que dicen que en realidad la destrucción de Sodoma y Gomorra ocurrió en una época ya olvidada y que los anónimos autores debieron haber extraído la historia de crónicas sumerias o caldeas ya desaparecidas, que vincularon al no menos extraño y enigmático patriarca de los hebreos: Abraham (a quien se le considera no hebreo, sino de origen caldeo, porque fue originario de la mítica Ur, cuna de la civilización). Mientras tanto, conforme transcurre el tiempo, el enigma se hunde más en la noche de los tiempos.

EL ENIGMA CONTINÚA

asta ahora, hemos querido presentar los enigmas y los misterios de la Biblia como una serie de hechos que al parecer precedieron con mucho la realidad de la presencia de Moisés, a quien la historia y la tradición bíblica atribuyen la paternidad de al menos los primeros cinco libros del Antiguo Testamento, mejor conocidos como el Pentateuco. Moisés es quizá el mayor enigma de la Biblia, porque a partir de su presencia se da inicio al libro del Éxodo, en el cual se habla de su supuesto o verdadero nacimiento. Además, la Biblia cambia su espíritu más universalista, por cuanto el primer libro, el Génesis, da cuenta del origen del mundo y el de las supuestas primeras razas de los hombres que habitaron la tierra. A partir de Moisés, la Biblia adquiere un sentido, una tonalidad, vamos a decirlo con palabras sencillas, más localista, pues como lectores asistimos al supuesto desarrollo y fortalecimiento del llamado pueblo elegido, el pueblo hebreo, porque los libros sucesivos se concretan a narrar, ya sea por medio de la alegoría, de la poesía, del símbolo o del mero relato histórico, sus realidades, sus actos concretos, sus fechas históricas significativas y algunos hechos relevantes como la cautividad en Egipto, y su huida del mismo, guiados precisamente por Moisés, buscando entrar en la famosa tierra prometida. Se cuenta su asentamiento en dicho lugar y los eventos sucesivos que, históricamente, culminarán con el cautiverio en Babilonia y el posterior regreso a Judea, donde la redacción de la Biblia se detiene, produciéndose una laguna histórica de entre 300 y 500 años, hasta la aparición de Jesús en el siglo primero de nuestra era, que indica el comienzo del llamado Nuevo Testamento, que narra el nacimiento, crecimiento, vida pública y muerte de Jesús, el Nazareno, fundador del cristianismo. Entonces, para los propósitos o al menos las intenciones de comprender claramente los enigmas de la Biblia, se distinguen tres etapas o momentos:

1º El origen cósmico del mundo, de las razas y del hombre.

2º El desarrollo del pueblo judío al huir de la esclavitud en Egipto, hasta el segundo regreso del cautiverio (el de Babilonia), aproximadamente 500 años a.C.

3º El nacimiento y la muerte de Jesús, que originó el Nuevo Testamento a partir del primer siglo de nuestra era.

Daremos inicio, pues, a la etapa mosaica de la narración bíblica, señalando algunos enigmas y hechos curiosos que representan, hasta nuestros días, misterios que siguen sin resolverse, a pesar de los esfuerzos de investigadores que han tratado de conciliar la palabra escrita con la relevancia del hecho histórico, en un afán de legitimar la Biblia, más allá de sus propios límites y posibilidades. No es el momento y el lugar para tratar de entender esta nueva dinámica de investigación, que puede interpretarse como producto de los descubrimientos, a mediados del siglo XX, de los ya mencionados archivos de Qumrán en el Mar Muerto, que vinieron a abrir otras perspectivas a la narración bíblica y a los estudios con ella relacionados; baste decir que, a partir de este hecho trascendental, los hebreos y los cristianos crearon instituciones, tanto por medio del símbolo cristiano como por el simbolismo de la sinagoga mosaica, para comprender, perfilar y definir la naturaleza de los materiales bíblicos allí encontrados. Más allá de todos estos afanes teológicos, filológicos, lingüísticos, filosóficos e incluso estéticos, la Biblia como tal, ofrece numerosos misterios y enigmas que, como dijimos al inicio de este libro, llaman poderosamente la atención tanto del estudioso sincero como del simple curioso, porque hacen pensar seriamente en que entes y actividades de origen extraterrestre y paranormal están presentes y son muy palpables en determinados episodios de la fase mosaica y postmosaica, que culmina precisamente con la parte que es considerada como la más rica en este tipo de testimonios: libros de los profetas, los cuales son inevitablemente citados para demostrar la claridad de estos fenómenos por parte de los investigadores, quienes también consideran que la inmutabilidad de la palabra bíblica es motivo más que suficiente para validar o corroborar esta nueva forma de tratar de comprender (al menos a partir de la palabra bíblica) la creciente ola de manifestaciones de este tipo que han ocurrido en los últimos tiempos.

Antes de revisar la enigmática figura de Moisés, veamos algunos detalles interesantes que aparecen en la parte final de los capítulos que conforman el Génesis.

Después del Diluvio, a partir del capítulo 9, Dios bendice a Noé, dice: "1. Y bendijo Dios a Noé y a sus hijos y les dijo: fructificad y multiplicaos, y llenad la tierra".

Tal parece que la humanidad, de acuerdo con el texto, superó el castigo divino, y nos encontramos de frente a una humanidad dichosa, feliz, que en apariencia había recuperado el recuerdo de esa nostálgica primera edad de oro tan mencionada en los textos más antiguos, y se entregaron a vivir la nueva oportunidad; sin embargo, parece que no fue así, según se desprende de los siguientes textos, que muestran otro episodio oscuro, enigmático, y que pone de relieve al menos la probable continuidad histórico-narrativa del Antiguo Testamento.

La Torre de Babel

$$\sim\sim\sim$$

Uno de los testimonios más desconcertantes que aparecen en la Biblia, es el que se refiere a la construcción y destrucción de la famosa –aún en nuestros días– Torre de Babel, que por su simple nombre hace evocar el de una civilización casi olvidada, cuya memoria nos remonta a un pasado idílico, casi contemporáneo, o al menos cercano –en su capacidad sugestiva– al igualmente enigmático Jardín del Edén, o Paraíso Terrenal. Esta civilización es la antigua Babilonia, cuyos célebres y desaparecidos Jardines Colgantes la hicieron figurar entre las famosas siete maravillas de la antigüedad, compartiendo fama, por ejemplo, con el Faro de Alejandría, el Mausoleo de Halicarnaso, el mítico Coloso de Rodas o la monumental Pirámide de Egipto. Esta civilización antigua floreció hacia los 2,500 o 3,000 mil años a.C., en lo que ahora son los países de Irán e Irak (ubicados entre los dos famosos y bíblicos ríos Tigris y Éufrates), y conoció etapas sucesivas de desarrollo y decadencia para finalmente sucumbir durante la época de Alejandro Magno, hacia el año 330 a.C. Ahora bien, se ha mencionado que en los relatos de la Biblia subyacen y se mezclan muchas y muy diversas modalidades de discurso, cada uno de los cuales hace referencia a un determinado aspecto de la narración: histórico, geográfico, social, religioso, filosófico, legislativo, poético –especialmente entre los cinco primeros libros del Antiguo Testamento– que conforman un abigarrado y abundante conjunto de referencias genealógicas y nominales, e incluye relatos que van desde los aspectos fundacionales, como las historias de Adán y Eva, Caín y Abel, y Noé, hasta las relaciones tardías de genealogías que fueron poblando esa parte tan especial de la geografía del Cercano y Medio Oriente, cuya importancia estratégica fue fundamental, tanto para la subsistencia de los antiguos reinos asirios, como para el equilibrio de las diversas naciones de la antigüedad que se disputaban la zona (que comprendía desde Egipto hasta los límites de la antigua Persia con la India), y que hoy en día sigue siendo objeto de mucha atención pública y tensión política. Por ello no es de extrañar que entre los abigarrados y sorprendentes relatos de la Biblia apareciese la no menos asombrosa narración del capítulo 11 del Génesis, que hace referencia directa a un determinado estado social, político y religioso, que se asentaba en esa época, en al menos toda la zona de Egipto, Palestina y Mesopotamia, y que se refleja en la verdad o alegoría de la Torre de Babel. El relato dice más o menos lo siguiente:

"CAPÍTULO XI

"1. Tenía entonces toda la tierra una sola lengua y unas mismas palabras... Y dijeron: vamos, edifiquemos una ciudad y una torre, cuya cúspide llegue al cielo; y hagamos un nombre, por si fuéramos esparcidos sobre la faz de toda la tierra... Y descendió Jehová para ver la ciudad y la torre que edificaban los hijos de los hombres... Y dijo Jehová: He aquí que el pueblo es uno, y todos éstos... tienen un lenguaje, y han comenzado a obrar y nada les retraerá ahora de lo que han pensado hacer..."

"Ahora, pues, descendamos y confundamos allí sus lenguas para que ninguno entienda el habla de su compañero... Así que los esparció Jehová desde allí sobre la faz de toda la tierra, y dejaron de edificar la ciudad... Por esto fue nombrado el nombre de ella Babel, porque allí confundió Jehová el lenguaje de todos y desde allí los esparció sobre la faz de toda la tierra."

Tal es el sentido literal del célebre pasaje que describe, en apariencia con cierta claridad, primero la construcción de la ciudad y la Torre de Babel, y poco después, tras el enojo de Jehová, la confusión de lenguas, la detención de la edificación, tanto de la ciudad como de la famosa torre, y, por último, la dispersión de los constructores, porque al dejarse de comprender entre sí, se entiende que son extraños unos a otros, e, incapaces de seguirse comunicando, tienden a dispersarse tal y como lo sugiere la narración bíblica. De este hecho también se desprenden varias cosas que, a pesar de provenir de este Santo Libro, preponderantemente religioso, parecen referirse, primero, a un aspecto arquitectónico, urbanístico, como son la construcción de una ciudad y de la torre misteriosa; segundo: el que Jehová bajase de los cielos para verificar, según Él, la realidad de aquellos hechos; tercero: que Él mismo tomara las decisiones de: a) confundir a los constructores al hacerlos incapaces de continuar comunicándose entre sí, es decir, al confundir sus lenguas, y b) que se detuviera la construcción

tanto de la ciudad como de la famosa torre. ¿Por qué? En cuarto lugar, surge otra pregunta: si se sabe que por conveniencia cultural e histórica la construcción de una ciudad o de un monumento arquitectónico ponen de relieve tanto la grandeza de la divinidad a la que se consagran las obras como la de los propios constructores, porque con ello demuestran su nivel de cultura y saber, ¿cómo es que una divinidad como Jehová siente celos de estas acciones y de quienes las realizan y decida entonces sembrar la confusión de lenguas y con ella la discordia, y propicie, además, la dispersión de esos artesanos, arquitectos y constructores por la faz de toda la tierra? ¿Es que quizás el experimento llamado hombre demostró tener un sentido de unión que los extraterrestres no poseían, y así los humanos decidieron aplicarlo para llegar al "cielo" que ellos consideraban morada de sus progenitores? Hombres cuyos nombres tampoco aparecen consignados por los redactores anónimos, que sólo dan cuenta de este episodio de manera impersonal y simple. ¿Qué es lo que en realidad subyace detrás de este enigma? ¿El halo de una divinidad que comprueba que efectivamente el hombre ya es igual a Él, y, por lo tanto, celoso de esto, decide hundirlo, perderlo en la fragmentación lingüística y en la apatía estética que le impide culminar la obra a la que se había consagrado? O ¿el recuerdo de otro hecho ancestral perdido en las brumas del tiempo, que pone de relieve un estado primigenio y privilegiado, que se pierde y del cual sólo queda su fragmentada relación como producto de la cólera de un dios? Ante tales cuestionamientos, sólo nos resta añadir que la palabra Babel, lejos de querer significar confusión, como lo suponen los anónimos redactores de la Biblia, en realidad hace referencia directa a dos importantes aspectos: la palabra *Ba* en egipcio significa el "aliento o soplo de vida" y es, asimismo, uno de los tres vasos canopos que acompañan el embalsamamiento de una momia en el Egipto antiguo; por otra parte, *Bel* es el nombre del más poderoso y antiguo de los dioses de Babilonia, Señor del Mundo, Padre de los Dioses, Creador y Señor de la ciudad de Nipur, Forjador del Des-

tino, Señor del Abismo, Dios de la Sabiduría y del Conocimiento Eso-térico y Señor de la ciudad de Eridu. Así que, objetivamente hablan-do, la palabra "Babel", lejos de significar confusión, significa más bien la puesta en marcha de una voluntad humana que se empeña en alcanzar el cielo, lo cual no es indigno e impío, porque se ha ganado el derecho a hacerlo, tal y como lo sugiere la significación de la palabra "Bel". Entonces podemos también, imaginar, al menos, una humani-dad más dichosa, capaz de elevarse por sí misma hasta el mismo cielo porque tal era su derecho y su posibilidad. Queda en el aire la pre-gunta: ¿Un Dios verdadero ayuda u obstaculiza la realización de algo sublime?

También está la posibilidad de que la construcción de la mítica torre fuese en realidad un intento de realizar un proyecto de conquis-ta estelar, semejante a los proyectos actuales de Cabo Cañaveral en la Florida en Estados Unidos o al complejo de Baikú en los Urales de los rusos, y por esta razón el dios celoso que destruyó esta construcción en realidad fuese el encubrimiento de una civilización antigua que no deseaba que los seres humanos fueran capaces de alzarse hacia el cielo tal como la narración parece sugerir. De nuevo surgen los enigmáticos Akpallus, quienes parecen ser hombres venidos de las estrellas y que al impartir su enseñanza civilizatoria pudieron enseñar los secretos para hacer viajes espaciales, y al ver que los hombres deseaban tomar al cielo por "asalto" debieron de pararlos en seco de esta manera.

Tal vez por esa y otras razones que quizá se nos escapan, el misterio de la Torre de Babel ejerció una gran atracción tanto en la antigüedad como en el Medioevo y el Renacimiento, especialmente entre los artistas plásticos; y en nuestros días, por ejemplo, la invención de Internet quizá sea la reminiscencia de un hecho olvidado pero que subyace en la memoria colectiva de una humanidad ansiosa, que ve en esta nueva Babel algo quimérico.

LOS SUEÑOS DE JOSÉ

La Biblia, a ojos vista, no tiene una sucesión ordenada; el discurso va de unos motivos a otros, intercalándose nombres, hechos, relaciones, expresiones religiosas, filosóficas, legales o incluso aspectos cotidianos expresados con lenguaje simple y llano. Todo ello da una idea *a priori* de cierta falta de discurso literario espacio-temporal; aunque esto generalmente se pasa por alto debido a que la Biblia, como ya se dijo anteriormente, es producto de una o varias revelaciones divinas. Esto se menciona porque los sueños de José forman parte esencial de la historia bíblica, pues en el Génesis anteceden a la aparición del sabio y profeta Moisés, cuya presencia emblemática es causa y razón de al menos los primeros cinco libros o Pentateuco, y a quien los judíos ortodoxos consideran como su único autor.

El nombre de José aparece por primera vez en el capítulo 35 del Génesis y dice: "24. Los hijos de Raquel: José y Benjamín". Raquel era una de las cuatro esposas de Jacob, hijo de Isaac, hijo de Abraham, patriarca del pueblo judío, quien al ser tomado por Jehová de Ur, su ciudad de origen, fue puesto en Sichem, en medio del paso de los cananeos, donde, sucesivamente, Isaac y Jacob, hijo y nieto del patriarca, trataron de asentarse sin éxito, debido al carácter nómada del pueblo hebreo. Así, José hace su aparición súbitamente, a los diecisiete años, sin saberse nada de él, ni de su infancia ni de su adolescencia; sólo se cita directamente al inicio del capítulo 37 del Génesis, conviviendo con sus hermanos, preparando y anunciando las cosas y los hechos para que más adelante, en los primeros capítulos del Éxodo, prepare y permita la aparición de la legendaria figura de Moisés con toda su magia, su complejidad y, por supuesto, con todo su misterio. El carácter de José se presenta como algo relevante porque posee una rara cualidad que poco a poco se hace presente en el Antiguo Testamento: sabe descifrar e interpretar sueños con cierto carácter profético, lo que anuncia, a su vez, la aparición posterior de los grandes profetas, como Samuel, Isaías y Jeremías, cuyas figuras impregnan con un sentido místico muy profundo toda la palabra bíblica, tanto del Antiguo Testamento como del Nuevo Testamento. José ha pasado a la posteridad debido a este rasgo definitorio; porque en algún momento de su relato, el anónimo copista bíblico le hace aparecer en escena como José "el Soñador". Pero antes de continuar con la historia de José, es preciso detenerse a observar detenidamente qué son los sueños en sí y su importancia tanto en la vida ordinaria como en el contexto de la palabra bíblica. La palabra sueño, en su generalidad, es definida así: "Del latín *somnus*, es el acto de dormir. Acto de representarse en la fantasía de uno, mientras duerme, sucesos o especies. También se dice de una cosa fantasiosa y sin fundamento. Figurativamente, el sueño pesado es el que es muy profundo, dificultoso de desechar o melancólico y triste".[15] Desde un punto de vista un poco más académico y filosófico, es entendido como la acción de la imaginación durante el dormir. Para Sigmund Freud, el padre del psicoanálisis, el sueño es "un medio de supresión de las excitaciones psíquicas que acuden a perturbar el reposo, supresión que se efectúa por medio de la satisfacción alucinatoria".[16] Si nos atenemos a esta definición, no sólo los sueños de José, sino los de todos los profetas, adolecerán de esta peculiaridad nada deseable, de ser sólo meros mecanismos de satisfacción que se libera por medio de alucinaciones.

[15] *Diccionario enciclopédico Espasa-Calpe*, t. VII, Madrid, 1957.
[16] S. Freud, *Introducción al psicoanálisis*, en *Obras completas*, vol. I, Madrid, 1948.

Desde el punto de vista psíquico, el sueño es considerado ya no como un liberador de fantasías alucinatorias o como un mecanismo que descarga o libera las tensiones de la vigilia; más bien, el sueño es considerado como un elemento importante por cuanto en él se suceden numerosos fenómenos que se acercan a los niveles de la videncia, y que son los llamados sueños premonitorios, es decir, sueños en los que el psiquismo profundo de un individuo es capaz de generar, mediante una imaginería simbólica o mediante imágenes previas, explícitas, la probabilidad, o incluso la certeza, de que ocurran eventos, ya sea en un futuro muy inmediato (al otro día) o en un futuro lejano, que fueron preconcebidos, anunciados mediante el sueño. En este sentido, el personaje más famoso por el carácter agudo y preciso de sus sueños fue el norteamericano Edgar Cayce, quien entre los años 30 y 50 del siglo XX era capaz de producir, durante el sueño, recetas

médicas que curaban enfermos de todo tipo: se calcula que durante su vida prescribió 75 mil recetas para curar otros tantos enfermos, por eso se le conoció como el "profeta durmiente", aspecto que, según la opinión de algunos, lo emparentaba, con José, Samuel, Isaías o Jeremías, algunos de los profetas más famosos del Antiguo Testamento. Por ello, el sueño se considera como un mecanismo incomprensible que es capaz de generar una serie de situaciones y de elementos que se acercan mucho a lo que se conoce como fenómenos paranormales y que, en la actualidad, desconciertan por completo a la ciencia en general. Es importante señalar que hasta nuestros días la tradición judeocristiana ha sido la única en no otorgar validez oficial, por decirlo de alguna manera, al sueño, no obstante que éste hace su aparición en determinados pasajes del Antiguo Testamento, como en el caso de José o del profeta Daniel, en los que es el aspecto primordial a partir del cual las subsecuentes acciones de los protagonistas tendrán mucho sentido. Para personas normales, comunes y corrientes de nuestra época, decir de alguien que tiene o recuerda sus sueños de manera vívida, significa precisamente que es un individuo que se mueve entre los símbolos e imágenes que se presentan u ocurren dentro de un sueño y que, por lo tanto, es digno de ser considerado como "soñador", calificativo que por desgracia se aplica también a quien no vive realmente esta actividad sugerente y misteriosa, sino que viven en la divagación y su base existencial se sustenta sobre "aéreas naderías". Por ello, al hablar de los sueños de José tratamos de hacer énfasis en ese aspecto sugerente y altamente propositivo del sueño, que lo convierte en un mecanismo poco conocido hasta nuestros días, pero que puede poner en marcha tanto a una religión, a un suceso histórico o incluso abre la posibilidad de un descubrimiento científico. En el caso de la Biblia, mediante el sueño la divinidad hace patente su magnificencia, su infalibilidad, su grandeza, debido a que el alma, la psique de un individuo se transforma en un canal adecuado, en este caso, para el espíritu: tal vez por ello sus anónimos redactores, encabezados por

Moisés, vieron en el sueño la posibilidad de hacer énfasis en el peso de la divinidad y de la autoridad judaica, por cuanto el sueño se convertía en un mecanismo *cuasi* infalible de la manifestación de Dios, y de su recepción por alguien distinguido, seleccionado por la misma divinidad para fungir como una especie de portavoz tanto de la infalibilidad del *logos* como de la expresión de lo maravilloso mediante la utilización del símbolo y de la palabra sagrada, porque de esa manera se hace más patente la divinidad o el carácter divino de una palabra sagrada, que así es capaz de impactar el ánimo, la imaginación del practicante, en este caso judío y posteriormente cristiano, para con ello testimoniar el alcance de una fe, de una creencia que aparentemente arraigada en el fervor popular termina de afirmarse mediante el mecanismo por excelencia para las grandes masas: el uso de la palabra hablada y escrita como instrumento preferido de la divinidad: por eso Jehová le dará a Moisés las famosas Tablas de la Ley en la cima del Monte Sinaí, grabadas con la Palabra Divina. Por tanto, el sueño bíblico, sea de José o de Daniel, o de otros, siempre precederá a etapas cruciales del relato bíblico; en la confirmación y en la afirmación no sólo del contenido doctrinal, incluso hasta en la anticipación de su carácter mesiánico, el cual será utilizado por los cristianos para legitimar de manera absoluta la aparición y la presencia de Jesús y el subsecuente desarrollo del cristianismo.

Los sueños, en el caso específico de la experiencia de José, ponen de manifiesto el aspecto puramente doctrinal de la palabra de Jehová, porque el hijo de Israel a través del sueño obtiene la posibilidad de un reconocimiento en medio de intrigas y acechanzas, inclusive, de miembros de su propia familia. Se lee en el Génesis 37,5:

"5. Y soñó José un sueño y contólo a sus hermanos; y ellos vinieron a aborrecerle más todavía... Y él les dijo: oíd este sueño que he soñado... He aquí que atábanme manojos en medio del campo, y he aquí que mi manojo se levantaba y estaba derecho y que vuestros manojos

estaban alrededor y se inclinaban al mío"... Y soñó aún otro sueño, y contólo a sus hermanos, diciendo: He aquí que he soñado otro sueño, y he aquí que el Sol y la Luna y once estrellas se inclinaban a mí."

A partir de estos sueños la suerte de José está echada: se desata la envidia de sus hermanos, quienes aguardan la oportunidad para deshacerse de él, pese a ser el predilecto de Jacob, su padre. Deciden venderlo a un grupo de árabes nómadas, quienes lo llevan a Egipto y ahí nuevamente lo venden como esclavo a Putifar, eunuco del faraón, capitán de su guardia personal. José cuenta ya con la protección de Jehová contra las acechanzas y peligros propios de un lugar como Egipto para un hebreo como él en su condición de esclavo. Poco a poco va ganando favores de la clase gobernante porque predice el porvenir del copero y del panadero del faraón, razón por la cual, finalmente, este último le llama a su lado para que descifre un par de sueños enigmáticos que lo inquietan. Se lee en el Génesis, 41:

"1. Y aconteció que pasados dos años tuvo el faraón un sueño: parecíale que estaba junto al río... Y que del río subían siete vacas, hermosas a la vista, y muy gordas, y pacían por el prado... Y que otras siete vacas subían tras ellas del río, de fea vista, y enjutas de carne y se pararon cerca de las vacas hermosas a la orilla del río... Y que las vacas de fea vista y enjutas de carne, devoraban a las siete vacas hermosas y muy gordas. Y despertó el faraón... Durmióse de nuevo, y soñó la segunda vez: que siete espigas llenas y hermosas subían de una sola caña... Y que otras siete espigas menudas y abatidas del solano, subían después de ellas... Y las siete espigas menudas devoraban a las siete espigas gruesas y llenas. Y despertó el faraón, y he aquí que era sueño."

A la mañana siguiente el faraón despertó lleno de inquietud y convocó a todos los magos y sabios de Egipto para que le descifraran los sueños, pero ninguno pudo hacerlo, hasta que alguien se acuerda de

que José, quien estaba en la cárcel, puede descifrar sueños, por lo que el faraón mandó por él de inmediato para que fuera llevado ante su presencia. José tuvo éxito y se ganó la confianza del faraón, cumpliéndose con el tiempo el pronóstico que había hecho de sus sueños. El faraón lo tomó a su servicio, José le sirvió personalmente y, por azares del destino, más tarde se vio de nuevo frente a sus hermanos, quienes no lo reconocieron, mas él a ellos sí. Habían ido a Egipto en busca de alimentos, pues una gran sequía azotaba las tierras donde los hebreos se encontraban asentados, y Jacob, al enterarse que Egipto tenía reservas de grano en abundancia, envió a sus hijos a comprarlo sin imaginarse que éstos habrían de encontrarse frente al hermano menor dado por muerto. Esta historia es muy intensa, culmina con el regreso de José y la muerte de Jacob, quien nunca vio realizada la promesa de Jehová de que había de guiar al pueblo hacia nuevas tierras para que se estableciese de manera definitiva y pudiera seguir el destino que le estaba señalado por su dios. Mediante los sueños y gracias a ellos, José labró no sólo su destino personal, sino el de sus hermanos y el de todo el pueblo hebreo, quienes guiados por la mano de Moisés, entrarían al cabo de una extraña y larga jornada de cuarenta años en la Tierra Prometida para fundar la Jerusalén celeste, patria de quienes buscaron su redención, superaron muchos obstáculos y entraron a esa tierra prometida sellando el lazo que los unió con su dios Jehová.

Aquí es necesario hacer una pregunta: ¿es cierto, entonces, que el ser humano tiene la capacidad de ver el futuro dentro de sus sueños? O ¿el sueño es una región, una dimensión, una parte que existe también dentro del plano en el que vivimos y no somos capaces de ver?

El misterio de Moisés

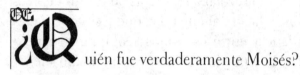

¿Quién fue verdaderamente Moisés?

A Moisés se le considera el autor del Pentateuco, no obstante que su propia muerte es consignada en el Deuteronomio 34,5, y la pregunta obligada es: ¿si Moisés es el autor del Pentateuco (recordemos que así se llama a los primeros cinco libros sagrados), cómo es que muere en el Deuteronomio? Otra pregunta que se desprende es: ¿fue Moisés verdaderamente el patriarca que sacó a los hebreos de Egipto para guiarlos a la Tierra Prometida? O ¿es sólo un nombre simbólico que encubre el misterio de un ser no humano que llegó al pueblo judío para rescatarlo y darle su supuesto carácter de pueblo elegido?

La figura de Moisés se hace evidente a diferencia de anteriores patriarcas como Adán, Noé, Enoch, Abraham, incluso Isaac y Jacob, quienes de alguna manera, a pesar de su dignidad ancestral y *cuasi* sacerdotal, sólo fueron como una especie de hilos conductores que a lo largo de la narración bíblica en el Génesis terminaron por depositar en las manos de Moisés la encomienda fundamental que emprendieron, por designio de Jehová - Yahve, de afirmar y consolidar a la nación judía para transformarla (de un grupo de tribus nómadas que se dedicaban al pastoreo y cuyas miras no iban más allá de la inmediatez existencial, propia del sencillo hombre de campo) poco a poco, guiada finalmente por la mano de Moisés, en una nación sólida que habría de entrar de lleno en ese aspecto "cosmopolita" que distinguía a las naciones antiguas con las cuales el pueblo judío tenía que convivir: Egipto, Grecia, Persia; naciones así) cada una, cabeza de una verdadera concepción cósmico-mundana del universo y de la vida, generadora de civilización y cultura con todo lo que ello implica. Por lo tanto, Moisés ha significado el momento clave en que el pueblo hebreo se transformó en una comunidad capaz de echar raíces y producir cultura y religión; un pueblo cuya importancia está mucho más presente en la vida de Occidente, al menos en los últimos dos mil años.

Mientras su figura se agiganta, por cuanto su vida, hechos y legados se circunscriben en un marco de referencia mucho más profundo, trataremos de penetrar un poco en ese misterio llamado Moisés, que tal vez sea el menos conocido y, por supuesto, menos comprendido. En la última parte del Génesis, José, antes de morir, hace un recuento de sus hermanos, a quienes simbólicamente su padre Jacob los hace cabeza de cada una de las famosas doce tribus de Israel, que hasta el día de hoy aparecen como perdidas; por más empeño que hacen los exégetas de la palabra literal no han habido testimonios visibles de la existencia de estas doce tribus. El enigma se resuelve en parte, si se las considera bajo el aspecto astrológico, poco aceptado desde el siglo XVIII por la cultura occidental (y que, curiosamente, al finalizar el siglo XX, e iniciar el XXI, va ganando una vez más el favor del público en general, a pesar de las objeciones de los científicos). Entonces las enigmáticas doce tribus de Israel en realidad corresponderían –es una suposición– a los famosos doce signos zodiacales que, como se sabe, es un círculo imaginario sideral que el sistema solar recorre en un periodo de 360 días, pasando cada mes zodiacal por una constelación del mismo nombre; el Sol inicia su recorrido celeste tanto en el signo como en la constelación de Aries; esto es importante porque demuestra varias cosas:

Primero: que el pueblo hebreo consideraba a las estrellas y signos zodiacales como elementos sagrados, de tal manera que Jacob no dudó en adjudicar a cada uno de sus hijos su correspondiente signo zodiacal.

Segundo: la promesa reiterada dada por Jehová-Yahvé a Abraham, a Isaac y a Jacob, de que su descendencia sería tan numerosa como las estrellas. De donde se deduce que ante ello Jacob no dudó en adjudicarle a cada uno de sus doce hijos una determinada constelación y signo zodiacal, especialmente si se considera que el pueblo hebreo tuvo dificultades muy grandes para sobrevivir en un mundo complejo dominado por Egipto, Grecia y Persia, por lo que tenía la necesidad de establecer vínculos culturales fuertes con estas grandes civilizaciones: primero, aceptar sus valores culturales y luego, asimilarlos; de ahí que la astrología, cuya cuna se encontraba en Mesopotamia (el reino persa, que a la sazón terminaba en esa zona, la utilizaba), fuese considerada como algo esencial que sólo estaba permitido aprender a los miembros de la tribu de Leví, mientras estuvieron cautivos en Babilonia, porque era la única encargada de todo lo concerniente a la religión en todos sus aspectos.

Por ello, la supuesta adjudicación y concordancia entre las doce tribus y los doce signos del zodiaco tiende a algo mucho más profundo, porque además el número doce está relacionado con otros aspectos de la cultura y la religión judía.

Así, las doce tribus encabezadas por los doce hijos de Jacob, representan la materialidad de este aspecto y nos indican qué tan profundamente habían calado las enseñanzas de Abraham, tomadas de Caldea en el ánimo del pueblo nómada, para no dudar del valor de este simbolismo a partir del cual y mediante el que Moisés trató de consolidar la esencia de la religión judaica fundamentada en la Tora, en el Talmud y en la Mischnah, y que hasta el día de hoy la nación judía sigue y observa al pie de la letra.

A la muerte de Jacob quedaron designadas las famosas doce tribus de Israel con las cuales, más tarde, supuestamente Moisés habría de emprender la huida de Egipto para alcanzar la enigmática Tierra Prometida.

El nacimiento de Moisés está consignado en el segundo libro del Pentatuco, llamado Éxodo, precisamente en recuerdo de las arduas jornadas que los hebreos tuvieron que realizar para huir de la opresión del nuevo faraón, quien ya no reconoció ni la libertad que habían gozado hasta antes de la muerte de José ni a todos los israelitas que habían buscado refugio en Egipto para huir de la hambruna que azotaba Canaán, unos años antes, cuando José había alcanzado dignidad gracias a su facilidad para interpretar los sueños. Muertos José y el faraón amigo de ellos, el nuevo miró con recelo el desmedido creci-

miento del pueblo hebreo y ordenó a las parteras egipcias y no egipcias que al momento del nacimiento de un israelita, fuese muerto si era varón y si niña, quedara viva; las mujeres se negaron a ejecutar esta orden y en medio de este clima opresivo nació Moisés, según lo consigna el Éxodo, capítulo 2, que dice:

"Un varón de la familia de Leví fue y tomó por mujer a una hija de Leví... La cual concibió y parió un hijo: y viéndolo que era hermoso, túvole escondido durante tres meses... Pero no pudiendo ocultarlo más tiempo, tomó una arquilla de juncos, calafateóla con pez y betún, y colocó en ella al niño, y púsolo en un carrizal a la orilla del río... Y paróse una hermana suya a lo lejos, para ver lo que acontecería... Y la hija del faraón descendió a lavarse al río y paseándose sus doncellas por la ribera del río, vio ella la arquilla en el carrizal y envió a una criada suya a que la tomase... Y como la abrió, vio al niño; y he aquí que el niño lloraba. Y teniendo compasión de él, dijo: de los niños de los hebreos es éste... Entonces su hermana dijo a la hija del faraón: ¿iré a llamarte un ama de las hebreas para que te críe este niño?... Y la hija del faraón respondió: Ve. Entonces fue la doncella y llamó a la madre del niño... A la cual dijo la hija del faraón: lleva este niño y críamelo y yo te lo pagaré. Y la mujer tomó al niño y críolo... Y como creció el niño, ella le trajo a la hija del faraón, la cual lo prohijó y púsole por nombre Moisés, diciendo: Porque de las aguas lo saqué".

Tal es el relato que consigna el Antiguo Testamento, que nos cuenta con ciertas reservas y de manera impersonal el origen de Moisés. Cabe preguntarse: ¿el nombre de Moisés es egipcio o hebreo? Puesto que si es egipcio, entonces, ¿por qué los hebreos no le pusieron un nombre más acorde al espíritu de sus costumbres para que, incluso desde el punto de vista simbólico, tuviese más presencia ante los mismos hebreos? Nos queda la duda de que si se le dejó el nombre dado por la hija del faraón: Moisés, que quiere decir "Salvado de las aguas", entonces, ¿cabe la posibilidad de que el propio Moisés no fuese hebreo

sino egipcio? Hemos mencionado la forma puntual en que los hebreos han conservado inalterados sus textos sagrados, al grado de estar atentos incluso a las letras mismas.

De la forma enigmática como sobrevivió Moisés surgen poco a poco ciertos elementos que le confieren a su personaje un carácter un tanto extraño, porque éste se aleja por completo del prototipo del varón hebreo bíblico que hasta el momento de su aparición, en el libro de Éxodo se había manifestado. Moisés reviste ya una dignidad que es más que sacerdotal, patriarcal; es como una Presencia *cuasi* sagrada, expresión, arquetipo, promesa de cumplimiento divino. Resume en su persona aspectos y cualidades dignas de ser consideradas cada una por separado.

El carácter de Moisés es presentado en el Éxodo como el de un hombre fuerte, decidido, que no soporta las injurias e injusticias que los egipcios cometen contra el pueblo hebreo; en algún momento los mismos israelitas lo confunden con un varón egipcio, lo cual es probable que se deba a su porte y a su vestimenta; mata a un egipcio que lastimaba a un hebreo y luego, al ver una discusión entre dos hombres, trata de interceder entre ellos y uno le replica que si va a hacerles lo mismo que le hizo al egipcio; este hecho provoca que huya, según el relato bíblico, hacia las tierras de Madian, porque habiéndose enterado el faraón de su crimen también trata de apresarlo. Una vez en Madian, conoce a unas jóvenes que, según el relato, eran hijas de un sacerdote. Estas muchachas tratan de dar agua a sus ovejas pero unos pastores lo impiden. Moisés al percatarse de esto, ayuda a las jóvenes, quienes al llegar al lugar en que las espera su padre, llamado Ragüel, le cuentan lo sucedido y éste, agradecido, hace llegar a Moisés a su casa, quien acepta su hospitalidad y se queda allí, casándose con una de las hijas, que se llamaba Sephora.

Como nunca se ha aclarado del todo, más allá de la superficialidad del texto del Antiguo Testamento, dudamos acerca de si en realidad Moisés fue hijo de la tribu de Leví o fue un egipcio, tal y como lo hace suponer este texto rescatado por la maestra Blavatsky: "a Jethro no se le llama 'suegro' de Moisés porque éste estuviese casado realmente con una de sus siete hijas. Moisés, si es que ha existido, era un Iniciado, y como tal un asceta, un Nazar, y no pudo casarse nunca. Esto es una alegoría como todo lo demás. Zipporah (la resplandeciente), es una de las ciencias ocultas personificadas, dada por Ragüel-Jethro, el sacerdote iniciador de Midian, a Moisés, su discípulo egipcio. El 'pozo' a cuyo lado se sentó Moisés en su huida del faraón, simboliza el 'pozo del conocimiento'."[17] Después de lo dicho por este enigmático texto, vuelve la pregunta: ¿fue Moisés egipcio o hebreo? Porque, si fue he-

---

[17] H.P. Blavatsky, citado en *La Doctrina secreta*, v. IV, Buenos Aires, 1957.

breo es lógico y normal que pensara en liberar a su pueblo, pero, si fue egipcio, ¿por qué lo hizo? ¿Había en su interior un intenso afán de ser el más poderoso, el más fuerte incluso que sus superiores egipcios?

Más adelante, continúa el relato bíblico diciendo que Moisés llega al monte Horeb (el monte de Dios), y leemos en el Éxodo 3,2: "Y apareciósele el Ángel de Jehová en una llama de fuego en medio de una zarza: y él miró, y vio que la zarza ardía en fuego, y la zarza no se consumía".

Es precisamente a partir de este hecho sobrenatural que el curso del relato bíblico entra en cauces completamente apartados de los lugares comunes y de los hechos cotidianos. Tanto Moisés como los actos que va desarrollando, las acciones que va desempeñando de acuerdo a lo relatado, nos muestran a un hombre que se abisma de lleno en el hecho sobrenatural, en el acto prodigioso propio ya no de hombres comunes y corrientes, sino propio de hombres a quienes la tradición antigua y verdadera considera como Iniciados o Adeptos. Es aquí en donde Moisés penetra de lleno en el misterio y el enigma, porque sus actos revisten ya un carácter sagrado, único, profundamente comprometido con una visión del mundo que no considera ni las cosas del mundo ni los hechos de los hombres como algo fortuito o casual, fruto del azar, sino bajo un orden perfecto, exacto, medido, divino, tal y como se puede apreciar en la fidelidad con la que el pueblo hebreo ha mantenido vigente hasta nuestros días su tradición religiosa.

Llegados a este punto, hagamos una pequeña recapitulación. El nacimiento extraño de Moisés, aparentemente descrito como un asunto original en el Éxodo, en realidad es más bien una forma muy antigua y misteriosa en que los llamados dioses solares, héroes o entidades superiores conocidas como adeptos, han nacido, crecido y alcanzado su gran dignidad. El nacimiento de Moisés en este sentido es muy similar al de un gran rey antiguo cuyo testimonio apareció de entre las tablillas cuneiformes que han sido descubiertas a lo largo de las excavaciones arqueológicas, en una zona conocida en la geografía histórica como Mesopotamia, hoy Irak e Irán, Entre esas tablillas se habla de un rey llamado Nmrod o Nimrod, el cual nació bajo la amenaza de ser asesinado por otro rey que no quería que viviera, porque una profecía le había vaticinado que alguien salvado de las aguas habría de derrocarlo para ocupar su trono. Ese salvado de las aguas es precisamente Nimrod, cuya leyenda muchos investigadores y eruditos, desde el siglo XIX, han considerado que fue tomada como base para el relato del Moisés bíblico, "salvado de las aguas", que por lo tanto recibe un carácter misterioso, por cuanto el nacimiento y la puesta a salvo del niño ya implican que algo más allá de lo natural se ha puesto en marcha para hacer que se afirme el destino único y especial que le está conferido a Moisés directamente, porque ya desde el capítulo 3 de Éxodo, lo ve-

mos hablar cara a cara con la divinidad del pueblo hebreo Jehová-Yahvé, quien al escuchar las quejas y lamentaciones de su pueblo por las difíciles condiciones de sobrevivencia que tienen que soportar, tras la huida de Egipto, de acuerdo al relato, decide bajar de donde estaba (no se dice si era del cielo, o de algún plano existencial de manifestación distinto, o de la cima del monte Horeb, o monte de Dios) para aliviar sus penas y sufrimientos. También cabe suponer, como lo dicen algunos investigadores, si en realidad Jehová-Yahvé fue más bien una presencia extraterrestre, porque los testimonios vividos del relato así parecen confirmarlo: rayos, luminiscencias, sonidos metálicos de bocinas, trepidaciones del suelo, estados muy específicos tanto de la multitud como de Moisés; además, está el hecho de que debía, cada vez que tenía un encuentro con la divinidad, vestirse con ropajes especiales, lo que hace pensar en que probablemente se ponía a salvo de radiaciones peligrosas de índole atómica. Hay imágenes de Moisés en que se le aprecia con una especie de cuernos o de rayos que le sobresalen un poco encima de su cabeza, y que algunos estudiosos atribuyen al hecho de tener que entrar en contacto con este tipo de inteligencia o de manifestación.

Conforme a la Biblia, el primer gran enigma al que tiene que enfrentarse Moisés, es precisamente el de la zarza ardiente. La pregunta es: ¿Por qué se le apareció Jehová-Yahvé a Moisés bajo la enigmática forma de la zarza ardiente, según lo dice Éxodo 3,2? Esto toma un carácter relevante, primero, porque la divinidad como tal: ¿puede manifestarse de manera simple a través de un fenómeno tan sencillo como una zarza ardiente? ¿La dignidad de Dios debe manifestarse así? Luego esto ocurre cuando ha desposado a Sephora, hija de Ragüel-Jethro, y ha tenido un primer hijo que recibe el nombre de Gerson, que significa "Peregrino soy en tierra ajena". Otra pregunta surge: Si Moisés era israelita, tal como lo dicen los textos bíblicos, ¿por qué se sentía extranjero en su propia tierra? ¿por qué llamar a su hijo de esa manera? Cuando lo lógico y normal hubiera sido que en compañía de su esposa, su suegro y sus cuñadas se sintiera como en casa, como buen hebreo nómada y pastor, que además era el oficio que desempeñaba al momento de la revelación de Jehová, mediante el fuego. Queda entonces la duda manifestada sobre la identidad de Moisés nuevamente: ¿Era Moisés, en realidad, un príncipe egipcio, hijo de la princesa del relato bíblico, y debió enfrentarse a una especie de lucha intestina por el poder, y al no lograr su objetivo de reinar en Egipto, decide aliarse con el pueblo hebreo en ese momento inculto e incivilizado, para sacarlo de Egipto y enfrentar a sus parientes que lo habían repudiado, y alcanzar de esa manera la dignidad que, gracias a su milagrosa "salvación de las aguas", le había sido predestinada? Por supuesto, las conjeturas abundan, las interrogantes siguen sacudiendo el ánimo de curiosos, tanto frente a la ortodoxia judía como a la católica, que se empeñan en mantener al pie de la letra lo narrado por el Éxodo. Ciertamente la figura legendaria de Moisés se alza, junto a sus actos maravillosos, como algo mucho más profundo y mucho más trascendente que se hunde en el misterio acerca de su enigmático origen: ¿egipcio o hebreo? Y sus no menos enigmáticas hazañas también emergen de lo sobrenatural para hundirse en el misterio, porque ¿cuántos hombres a lo largo de la historia de la humanidad han sido capaces de realizar estas hazañas, o de cumplir estos extraños actos con los cuales deberían alcanzar la dignidad de héroes, semidioses o dioses verdaderos?

El escritor francés E. Schure, publicó en 1899 una obra notable, *Los grandes iniciados*, en la que, mediante siete personajes extraordinarios que representan grandes tradiciones iniciáticas y que fueron fundadores de religiones, trata de establecer la existencia de una remota ciencia esotérica que uniría todas estas tradiciones, vinculándolas con un mítico origen común, lejano, ancestral, perdido en el tiempo; y que sólo estaba en posesión de estos personajes legendarios, entre los cuales Schure consideró a Moisés como el portador de la tradición iniciática judía, la cual es considerada a su vez por la mayoría de los expertos en este tipo de estudios como el soporte, la piedra angular de la tradición hermética e iniciática de Occidente, junto a la figura también enigmática y legendaria de Jesús; ambos, Moisés y Jesús, son considerados como los legítimos fundadores de las religiones judaica y cristiana.

Debido al carácter extraordinario de Moisés, continuaremos revisando otros enigmas relacionados con él a medida que el relato del Éxodo lo va postulando.

Al saber que Jehová es directamente quien le indica a Moisés que deberá liberar a su pueblo, la inevitable pregunta surge: ¿por qué los hebreos eran esclavos de los egipcios? ¿Por qué el interés de Jehová por liberarlos? ¿Por qué los eligió como su pueblo? ¿Por qué, tiempo más adelante, los hebreos son hechos esclavos por los babilonios? Las interrogantes son muchas y las respuestas son escasas. Muchas hipótesis pueden plantearse como respuestas, y por ejemplo: podría ser que los hebreos sean una raza experimental de una entidad superior, de un extraterrestre, y por esta razón los proteje de tal manera por encima de cualquier otra raza que habita este planeta; ésta podría ser una respuesta que, en la actualidad, no parece tan descabellada, debido a que es mucha la información tecnológica, técnica que se conoce y a la que muchas personas tienen acceso gracias a los medios de comunicación como los libros (literatura), cine, radio, televisión y testimonios de millares de personas que han tenido experiencias con extraterrestres, y otras debidas también al desarrollo de capacidades extrasensoriales. Pero aun así, son solamente unas cuantas y difícilmente podrá responderse a la mayoría de los cuestionamientos y dudas que existen al respecto. Tal vez nunca se sepa nada, si es que en efecto sucedió.

La historia bíblica nos dice que estando Moisés en el monte Horeb, Jehová se le apareció y le dio indicaciones para presentarse ante el pueblo hebreo como su portavoz. Moisés responde diciendo que no le creerán, que le desmentirán y no escucharán sus palabras. Entonces Jehová le pregunta qué es lo que trae en la mano, a lo que Moisés responde que es una vara. Entonces Jehová le ordena tirar esa vara al suelo y, ante su sorpresa, la vara se transforma en una serpiente, "culebra" dice el relato en Éxodo 4,3; Moisés se asusta ante tal prodigio, pero Jehová lo insta a tomarla por la cola, y en el momento en que lo hace, ésta vuelve a transformarse en una vara nuevamente.

Este relato sobre un acto extraordinario, un acto sobrenatural, ha llamado poderosamente la atención, en particular de los estudiosos de las ciencias mágicas, que han visto en este suceso un verdadero acto de magia pura, magia que era moneda corriente, según lo testimonia la misma Biblia, cuando en el Génesis, el faraón tiene los sueños de las vacas y las espigas. Génesis 41,8 "Y acaeció que a la mañana estaba agitado su espíritu y envió e hizo llamar a todos los 'magos' de Egipto y a todos sus sabios..."

Surgen de nuevo los cuestionamientos: Jehová le enseñó a Moisés a realizar estos "prodigios", y ¿por qué razón una verdadera divinidad se hubiese tomado la molestia, no sólo de enseñar a un mortal tales prodigios, sino de hacerse visible mediante una manifestación sobrenatural, cuando a una divinidad se le considera más bien, como algo de carácter metafísico, supra racional, completamente abstracto e intangible? Por lo tanto, ante la figura de Jehová estamos más bien ante una divinidad semejante a las que suelen aparecer en los relatos de la mitología griega: recordemos que la primera versión escrita de la Biblia que se conoció estaba en griego, y no es de dudar que el, o los copistas anónimos que la redactaron, estuviesen profundamente impregnados de la idiosincrasia griega y sus esplendentes tradiciones mitológicas, filosóficas y religiosas, idiosincrasia que de manera inevitable apareció, aunque fuese, como lo llamó Freud, mediante "actos fallidos, producto del subconsciente" de estos anónimos copistas; o podríamos estar ante una entidad superior que maneja estos aspectos de una manera común y corriente, puesto que es parte de un "equipo". Jehová se manifiesta como una divinidad seriamente preocupada tanto por la suerte de Moisés como por la suerte del pueblo hebreo, y con base en esa preocupación le hace aprender al patriarca actos de magia pura, como el de convertir una vara en serpiente para volverla después a su forma original. Jehová también le ordena a Moisés meter su mano entre sus ropas tocándose el cuerpo, y al sacarla estaba leprosa como la nieve (Éxodo 4,6); le indica que vuelva a meterla y, al sacarla, la mano ha recuperado su forma original. Jehová le indica que si al realizar estos prodigios frente al pueblo hebreo, éste no le cree, entonces deberá tomar agua del río para derramarla por fuera y esta agua se convertirá en sangre. Moisés duda, y al ver esto Jehová le reprende diciéndole: (Éxodo 4,11) "¿Quién dio boca al hombre? ¿Quién hizo al mudo y al sordo, al que ve y al ciego? ¿No soy yo Jehová?" Y le dice que en adelante será su boca. Moisés sigue dudando, y he aquí que en el versículo 14 hace acto de aparición, de improviso, Aarón (otra presencia misteriosa, caracterizado como un hermano que cumplirá la encomienda de ser la "voz de Moisés"). En la Tora, en la que también de improviso aparece Aarón, en la Sección Shemot, el libro del Éxodo 4,14, dice: "La ira del Eterno se despertó contra Moshé (Moisés), y dijo:

"¿Acaso no está tu hermano Aarón el levita? Yo sé que él ciertamente hablará; además, he aquí que él saldrá a encontrarte y cuando te vea se alegrará su corazón."[18]

Con respecto a la verdad de la existencia de Aarón, los apologistas y los estudiosos apegados a la letra escrita —algunos dirían que a la letra muerta— no dudan para nada porque, como se afirma rotundamente, es palabra divina producto de una revelación y, por lo tanto, parece impensable poner en duda la capacidad de Dios al realizar tal revelación y

---

[18] *La Tora*, traducción de la Biblia basada en el Talmud, el Midrash y las fuentes judías clásicas. Ed. Martínez Roca, Planeta, 1ª. Edición, Barcelona, 1999.

poner en duda la verdad y la realidad de cuanto ahí se dice. Aarón es otro más de los enigmas que se suman a una cuenta ya bastante amplia. Confunde en algún momento, porque la pregunta natural sería: ¿de quién es hijo Aarón, este hermano de Moisés? En los relatos bíblicos no se menciona ni como hijo de los levitas ni como otro probable medio hermano que, a su vez, hubiese hecho acto de presencia merced a la intercesión de la hija del faraón que educó a Moisés hasta su juventud, o al menos eso es lo que el relato bíblico hace suponer. Por otro lado: ¿no será que la supuesta hermandad entre Moisés y Aarón se debe más bien al hecho de pertenecer al mismo linaje religioso, a la misma clase sacerdotal, tanto en lo externo (exotérico) como en lo oculto (esotérico) lo que sólo debe estar en posesión de unos cuantos? O ¿puede ser que Aarón sea un personaje del mismo linaje de Jehová, que Él mismo trajo para ayudar a Moisés?

Esto se hace evidente porque ambos, Moisés y Aarón, son gratos ante los ojos de Jehová-Yahvé: fueron escogidos para ser los portavoces de él ante el pueblo hebreo, fueron elegidos para que ambos realizaran prodigios ante el pueblo y ante el faraón y su corte para lograr que se cumplieran los designios de Jehová-Yahvé. Aarón, por momentos, parece ser más que hermano de Moisés: su *alter ego*, su otro yo, una especie de Moisés desdoblado para que desde el punto de vista literario-religioso éste pueda cumplir las elevadas misiones para las que lo escogió y determinó su Dios. A pesar de todo lo que narra la Biblia, la duda persiste: ¿de dónde salió Aarón, quién fue él realmente?

Se dice que cuando Jehová le pide ir a Egipto para hablar con el faraón para que libere a su pueblo, Moisés se niega, pues se siente incapaz de lograr una buena comunicación con el faraón. ¿Por qué? ¿Porque sabía que había violado la ley de los egipcios y temía ser apresado por el crimen cometido? Otro enigma que se suma y que reviste un carácter extraordinario que no termina de entenderse muy bien ¿era Moisés incapaz de dominar el lenguaje? Lo cual no es creíble. O

¿se negó a obedecer a Jehová porque en esas circunstancias misteriosas, Moisés, en realidad, dada su complejidad, ya no podía ser todo al mismo tiempo, y por eso los anónimos redactores suponen a un Sosias de Moisés para que sea capaz de realizar todos los portentos y milagros que el relato bíblico le atribuyó? ¿Es Aarón verdad o ficción? ¿una simple presencia sobrenatural? O un simple recurso literario para hacer veraz el relato, ya de por sí inverosímil, que hace actuar a Moisés en medio de una realidad altamente enrarecida y difícil. Aarón parece ser una presencia fantasmal que de la nada toma realidad al solo conjuro de las palabras de Jehová. Por tanto, Moisés y Aarón siguen siendo presencias misteriosas que hacen más atractivo el contenido de los primeros libros del Antiguo Testamento: ¿verdad o sofisma? Tal vez eso nunca se sepa en realidad.

HECHOS MARAVILLOSOS

Muchos son los elementos y los temas que aparecen consignados en el Éxodo como órdenes que Jehová les dio a Moisés y a Aarón, mismas que fueron realizando gracias a que Jehová les enseñó la magia; de igual manera las llevaron a cabo los setenta hombres más ancianos de Israel. Moisés, una vez ungido con el mandato de ser el portavoz de Jehová ante el pueblo hebreo, también recibe la encomienda de presentarse ante el faraón y pedir la liberación de su pueblo. Pero el faraón se niega de manera rotunda a pesar de haber visto los actos de magia que realizaron tanto él como Aarón con la vara, que la tradición ha adjudicado no a Moisés sino a Aarón, apareciendo esto como un enigma más que se suma a la ya larga lista que gira en torno a Moisés: ¿por qué, si Jehová le concedió poder mágico a su vara, la tradición, especialmente la cabalista, se la adjudica a Aarón y no a él? Ante el rechazo total del faraón de liberar a los hebreos de la esclavitud, Jehová envía entonces diez plagas al pueblo egipcio, a saber: aguas convertidas en sangre, lluvia de ranas, piojos, mosquitos, moscas, llagas en la piel de hombres y animales, peste en los ganados y peste sobre la tierra, granizo, langostas, tinieblas y la muerte de todo primogénito humano y animal (Éxodo, caps. 7-11). En el capítulo 12 del Éxodo, se dan las bases que fundamentan la esencia del judaísmo, cuando Jehová ordena que la conmemoración de la huida de Egipto sea el primer mes del año judío religioso, y en el versículo 24 del mismo capítulo se lee: "Y aconteció que a la media noche Jehová hirió a todo primogénito en la tierra de Egipto, desde el primogénito de Faraón, que se sentaba sobre su trono, hasta el primogénito del cautivo que estaba en la cárcel, y todo primogénito de los animales".

Éste es, sin duda, uno de los momentos más dramáticos, junto al paso por el Mar Rojo, porque es difícil imaginar a una divinidad haciendo semejante carnicería, infligiendo tanto dolor a los habitantes de la nación egipcia, considerada como una de las grandes civilizaciones de todos los tiempos, así como es difícil creer que en realidad aceptaron este rudo castigo porque así había sido dispuesto por la divinidad del pueblo elegido. Y es que vemos que en tal "castigo" a los egipcios está basado el ritual de la Pascua de los hebreos, quienes fueron instruidos para que en cada puerta pusiesen una marca de sangre con el fin de que el "ángel de la muerte" pasara de largo sin tocar a los miembros de esas familias. Necesariamente nos preguntamos: ¿verdaderamente Jehová, Dios de Israel, pedía o aplicaba semejantes acciones tan sangrientas? ¿No se supone que una divinidad, un dios, se distingue por alentar un espíritu de amor hacia la vida en cualquiera de sus manifestaciones, especialmente si esa divinidad le da a Moisés las dos tablas de testimonios, tablas de piedras escritas con el "dedo de Dios", en donde uno de sus grandes preceptos es precisamente NO MATARÁS? Por otro lado, ¿por qué pidió Jehová esa marca de sangre en la puerta de los hogares hebreos? ¿Si era un castigo contra los egipcios, un hecho sobrenatural, por qué necesitaba marcas para saber quiénes eran sus seguidores? O ¿acaso el poder de su dios era limitado? O ¿se trataba de una batalla entre dos grupos diferentes de seres extraterrestres y no querían poner en riesgo de muerte a gente inocente? Éste es, sin duda, uno de los aspectos que mayor incomprensión provocan debido a lo misterioso del designio.

Esto es una terrible contradicción: por un lado, una divinidad cruel que aniquila a sus enemigos y, por otro, la misma divinidad pidiendo como ley esencial el "No matarás" de los diez mandamientos. Éste es un tema para reflexionar profundamente.

Una vez que Jehová cumplió su amenaza, el pueblo judío emprendió la huida llevándose vasos de oro y de plata de los egipcios, al igual que sus vestidos. Iban en dirección al Mar Rojo cuando el faraón decidió perseguirlos para hacerlos volver. Es curioso notar que no obstante que Moisés guía hacia la libertad, hacia la búsqueda de la Tierra Prometida, a este pueblo, en su salida de Egipto van quejándose amargamente de haber salido, reniegan de la nueva situación creada y anhelan las duras pero seguras condiciones del cautiverio al que estuvieron sometidos. Ante esto, Moisés clama a Jehová por esta circunstancia y él responde. Le dice a Moisés que no dude, que le tendrá reservado otro gran designio y que le ayudará a pasar al pueblo israelita entre las aguas –¿petrificadas?– del Mar Rojo.

Otro aspecto que hay que destacar a lo largo de todo este dramático episodio, es que reiteradamente Jehová, lejos de propiciar una especie de reconciliación o una comprensión por parte de los egipcios, le dice a Moisés que están lejos de acceder a realizar sus peticiones de liberación y de buen trato para los israelitas, y que les endurecerá el corazón para que actúen más neciamente en contra de sus mandatos, para hacer más énfasis en el dramatismo del castigo y de esta manera demostrarles a los hebreos que él es su Señor, su Liberador, su Salvador, pero también aquel dios que era capaz de castigarlos de igual o peor manera que a los egipcios si no obedecían. Así, durante ese trayecto, Jehová fue impresionando al pueblo judío, amedrentándolo y dándole pruebas suficientes de que él era su Dios. De día los guiaba convertido en una columna de humo... ¿¿?? y de noche en una columna de fuego... ¿¿??

En esta parte del relato, además de la ya de por sí enigmática figura de Moisés y los actos por él realizados, hacen su aparición estos elementos que se salen fuera de todo orden, por cuanto hacen pensar que la nube de humo de día pudiese ser en realidad un ovni, que también durante la noche iba guiando al pueblo israelita en esa difícil jornada para llegar al siguiente episodio. Queda la duda de si a lo largo de 40 años el pueblo vio estas manifestaciones extrañas y extraordinarias que, además, hacen pensar en el origen misterioso del "maná caído del cielo", que también parece ser de esa cualidad extraterrestre, alimento que no existe en nuestro planeta y que además se produce en todo el episodio completo.

Después, el impresionante capítulo en el que cruzan el Mar Rojo, Éxodo 14,21: "Y extendió Moisés su mano sobre el mar, e hizo Jehová que el mar se retirase por recio viento oriental toda aquella noche; y tornó el mar en seco, y las aguas quedaron divididas... Entonces, los hijos de Israel entraron por medio de el mar en seco, teniendo las aguas como muro a su diestra y a su siniestra".

Aquel debe haber sido un espectáculo impresionante, único, inimaginable, tan difícil de concebir al menos desde el punto de vista racional, tal y como el hombre lo ha enfatizado a partir del siglo XVIII, llamado históricamente el Siglo de las Luces y la razón. Si se mira el mapa de esa zona geográfica, se apreciará de inmediato la enorme extensión de la misma; el Mar Rojo tiene aproximadamente 2,300 kilómetros de largo y una superficie líquida calculada en 460,000 kilómetros cuadrados; estas dimensiones colosales hacen aún más espectacular el episodio, que como corolario tiene este elemento dramático (Éxodo 14,23): "Y siguiéndolos, los egipcios entraron tras ellos hasta el medio de el mar, toda la caballería del faraón, sus carros y su gente de a caballo... Moisés extendió su mano sobre el mar y el mar se volvió en su fuerza cuando amanecía; y los egipcios iban hacia él; y Jehová derribó a los egipcios en medio del mar... Y volvieron las aguas y cubrieron los carros y la caballería, y todo el ejército del faraón que había entrado tras ellos en el mar; no quedó de ellos ni uno... Y los hijos de Israel fueron por medio de el mar en seco, teniendo las aguas por muro a su diestra y a su siniestra".

No es difícil imaginar este cuadro terrible: casi al amanecer los hebreos debieron haber realizado este hecho prodigioso, milagroso, cruzar el Mar Rojo de Sur a Norte para alcanzar la península arábiga hacia el desierto del Sinaí, por donde habrían de vagar durante 40 años antes de alcanzar la Tierra Prometida. El espectáculo ante los ojos de los egipcios debe haber sido insólito, sorprendente; ante ellos se levantan dos muros de agua, petrificados, detenidos, y en medio de ellos va el pueblo hebreo marchando hacia su liberación. Debe haber sido algo espectacular que quizás ni viéndolo podría creerse. Al respecto, dicen estudiosos y analistas de este tema, que en hebreo el Mar Rojo se llamaba Yam Suph, es decir "Mar de Carrizos" y suponen que era un lago pantanoso, posiblemente ubicado entre el Golfo de Suez y el Mar Mediterráneo, confundiéndolo con otro lago, probablemente uno de los Lagos Amargos, o Ball-Zephon.

Pero, volviendo al Mar Rojo, el aniquilamiento de los egipcios denota, ciertamente, la elaborada estrategia de un militar: llevar al enemigo a un punto en el que no podría defenderse y así terminar con él, además de gozar de un triunfo grandioso que ponga de relieve su superioridad y, como quien dice, "matar dos pájaros de un tiro": acabar con sus enemigos y dominar por completo al pueblo hebreo.

La otra mirada de la Biblia

Una vez consolidado el cruce milagroso de Moisés y el pueblo hebreo a través del Mar Rojo, se puso en marcha la monumental peregrinación que habría de durar cuarenta años (sin duda un tiempo extremadamente largo desde el punto de vista mundano). Imaginemos por un momento, a la luz del tiempo promedio de vida de una persona en la actualidad, que oscila entre los setenta y los ochenta años de edad aproximadamente, ¿qué son cuarenta años? Casi la mitad o la mitad exacta de vida de una persona ordinaria. Así, esta peregrinación está llena de anécdotas que lindan con lo extraño y sobrenatural, con lo increíble. Precisamente debido a este carácter de increíble que rodea a la figura de Moisés y a sus luchas, es que se han tejido una serie de suposiciones que pretenden entender a esta mítica y patriarcal figura bajo una óptica completamente distinta.

HIPÓTESIS SUSTENTADAS

Desde hace cincuenta años, las inquietudes generadas por una nueva avalancha de testimonios, especialmente de los llamados platillos voladores u ovnis, como se les conoce hoy en día mundialmente, trajeron como consecuencia un incremento inusual en el interés por estos fenómenos que se han vuelto de dominio popular. Esto trajo, como consecuencia, una nueva oleada de estudiosos e investigadores que creyeron ver en la Biblia testimonios fehacientes que corroboraban la probabilidad de autentificar estas historias bíblicas bajo el nuevo tamiz de lo parasicológico, lo extraterrestre, lo alternativo y lo oculto. Un libro que contribuyó especialmente a fungir como detonador mundial para esta nueva tendencia o manera de considerar los viejos anales de la Biblia (y otras leyendas y mitos antiguos, y algunos sorprendentes descubrimientos arqueológicos, que ya se habían iniciado en los siglos XVIII y XIX) fue *El retorno de los brujos*, de los autores franceses Jacques Bergier y Louis Pauwels, quienes publicaron esta obra por primera vez en Francia, en 1960, y de inmediato se convirtió en un *best-seller* a nivel mundial.

En su prólogo, el escritor Pauwels decía: "Si la reflexión científica, en su grado extremo, desemboca en una revisión de las ideas admitidas sobre el hombre, era preciso que yo lo supiera."[19]

Más adelante, el autor hace referencia a la presencia de alguna especie de inteligencia extraterrestre al señalar lo siguiente: "En su reciente estudio de la Literaturnaya Gazeth, de 1959, el profesor Agrest, de Moscú, que admite la hipóteis de una antigua visita de viajeros interplanetarios, encuentra entre los primeros textos introducidos en la Biblia por los sacerdotes judíos, recuerdos de seres venidos de fuera que, como Enoch, desaparecían para remontar el cielo en arcos misteriosos".[20]

Es en este tenor que la figura de Moisés también hatratado de explicarse. Primero: se esboza la tesis de que el lenguaje bíblico ha ido cambiando a lo largo del tiempo de acuerdo con cada nueva traducción. Segundo: es posible que los antiguos no poseyeran el conocimiento técnico como para reconocer un vehículo espacial; pueden haberle dado el nombre de nube, o de luz brillante. En este sentido, por ejemplo, puede entenderse lo narrado en los Hechos de los Apóstoles, 2, que habla acerca de la Venida del Espíritu Santo, en que la nube que tomó a Jesús para elevarlo hacia el cielo, era del mismo tipo que la nube de humo y fuego que guió a los israelitas en su huida fuera de Egipto, y haya sido el mismo aparato que estableció contacto con Moisés a un lado del monte Horeb, o monte de Dios, en Éxodo 2,1-2, y después apareció sobre la cima del Monte Sinaí, para entregarle las Tablas de la Ley o los Diez Mandamientos. El profesor ruso M. M. Agrest, citado por Pauwels y Bergier, en su libro, con validación académica, convencido de la realidad de la presencia extraterrestre en la Biblia, de que la explosión que hizo desaparecer a Sodo-ma y Gomorra fue en realidad una explosión nuclear de una fuerza inimaginable.

---

[19] L. Paunwels y J. Bergier. *Le matin des Magiciens*, Librairie Gallimard, París, 1960. 1ª edición.
[20] *Op. cit.*

Esta convicción se debía entre otras cosas, a que tuvo oportunidad de analizar científicamente unas muestras tomadas de una formación rocosa ubicada en las riberas del Mar Muerto, en las que notó que estaban fundidas por una explosión nuclear a la que él calificó de prepaleolítica.

Otros estudiosos y expertos opinan que la Torre de Babel bien pudo haber sido en realidad un intento de construcción de una nave espacial de algún tipo. De alguna forma similar a los cohetes con los que en la actualidad se lanzan naves al espacio. Esta torre espacial debió haber sido destruida por tripulantes de ovnis, ángeles según la Biblia, para impedir de esa manera que se hiciera efectiva esa reflexión extraña de los mismos creadores del hombre, que dijeron: "No vaya a ser como uno de Nos" (Génesis 3,22), y anhelase conquistar el cielo. Hay algo extraño que efectivamente resalta entre todos estos nuevos testimonios o especulaciones, y es que el lector se enfrenta a la disyuntiva de aceptar el relato bíblico a la manera tradicional o tratar de verlo bajo la nueva óptica que ofrecen las ciencias parasicológicas, el testimonio ovni y los fenómenos insólitos. Y además se enfrenta al renacimiento del antiguo conocimiento hermético y oculto, que estuvo tan satanizado por las autoridades eclesiásticas entre los siglos XV y XVIII.

Estos nuevos estudiosos e investigadores, estimulados por el fenómeno ovni, han revisado otra vez los viejos planteamientos eclesiásticos y científicos y han encontrado insatisfactorias sus argumentaciones, porque, a la luz de los nuevos hechos y fenómenos, hay una especie de eslabón perdido intelectual que hace falta, y han tratado de resolverlo mediante estas nuevas modalidades y posibilidades que ofrecen los recientes avances científicos y tecnológicos. Así, no dudan ahora en valerse de las novedades tecnológicas y científicas, como el caso de las recientes expediciones equipadas para buscar los restos de las ciudades de Sodoma y Gomorra, y las otras tres ciudades de las que habla la Biblia. El impulso para esto lo dieron las investigaciones realizadas, como ya dijimos, por el profesor Agrest, quien encontró rastros de actividad nuclear prepaleolítica en unas formaciones rocosas aledañas al Mar Muerto, allá por los años cincuenta del siglo XX. Ahora se utilizan técnicas novedosas, como la fotogrametría satelital, el análisis molecular, sofisticados análisis químicos , análisis espectrográficos de alta definición, entre otros, en un esfuerzo monumental para tratar de llenar las grandes lagunas que existen en la historia antigua de la humanidad. De esta manera, se han esforzado, desde finales de los años ochenta del siglo XX hasta hoy, por tratar de encontrar y reunir evidencia física que dé soporte a sus teorías, las cuales creen que pueden guiarlos hacia nuevas respuestas a los enigmas de los relatos bíblicos del Antiguo y del Nuevo Testamento. Tal vez el objeto más famoso, más prestigioso buscado desde hace al menos unos 1,200 ó 1,400 años, es el Arca de la Alianza. Alrededor de ella se han tejido una serie de historias, leyendas, narraciones fantásticas y consejas populares, que la han ubicado en cualquier lugar de Asia Menor, África y Europa, y no pocos incluso han aventurado la hipótesis de que podría encontrarse en algún lugar de Américas, cosa casi improbable, pero que no deja de seguir ejerciendo un formidable poder de seducción en nuestros días, provocando la aparición de numerosos libros escritos por otros tantos autores que se han querido abrogar el exclusivo privilegio, o mérito, de saber dónde se encuentra ubicado semejante tesoro, de la humanidad. El Arca de la Alianza ha estimulado de manera febril la imaginación de cientos, tal vez miles de personas que, seducidas por su prestigio divinó, por su capacidad de sugerencia, han querido buscarla por todos los medios y en todas las circunstancias, porque, sin exagerar, representa el máximo valor al que puede aspirar un investigador, un buscador de tesoros, un aventurero o un cazafortunas. Pero, ¿por qué es tan prestigiosa esta reliquia divina?

El Arca de la Alianza

A medida que el pueblo hebreo, después de su dramática e intensa huida de Egipto para escapar de la esclavitud, se internaba en el desierto del Sinaí, iba adaptándose poco a poco a su nueva condición nómade en medio de las penalidades propias de tal situación. En Éxodo 19, 1 y siguientes, leemos: "Al mes tercero de la salida de los hijos de Israel de la tierra de Egipto, en aquel día vinieron al desierto de Sinaí... Y acampó allí Israel, delante del monte..."

Es en este lugar en que Moisés subió a la cima del monte Sinaí. El relato de Éxodo 19,3, dice: "Y Moisés subió a Dios; y Jehová lo llamó desde el monte..."

En este lugar fue donde Jehová decidió establecer su alianza con el pueblo de Israel. Pidió a Moisés que el pueblo se presentase para establecer un pacto porque... "Seréis mi especial tesoro sobre todos los pueblos; porque mía es toda la tierra" (Éxodo 19,5). Y después de una serie de preparativos que durarían varios días... "se escucharon truenos y relámpagos, y una nube espesa se posó sobre el monte, y se escuchó un sonido de bocinas muy fuerte y todo el pueblo que estaba en el campamento se estremeció" (Éxodo 19,16). Moisés pidió al pueblo que se llegaran a las partes bajas del monte, y: "todo el monte de Sinaí humeaba, porque Jehová había descendido sobre él en fuego: y el humo de él subía como el humo de un horno, y todo el monte se estremeció en gran manera" (Éxodo 19,18). Ésta es una parte muy descriptiva de la manera en que Jehová se apareció y descendió sobre la cima del Monte Sinaí. Ciertamente esta escena ha dado mucho material para especular al respecto, desde considerar que se trata de apariciones inexplicables que lindan con lo mágico hasta afirma que es una vívida descripción de un artilugio extraterrestre, cuya espectacularidad se acerca a las escenas de películas de ciencia ficción como las de la Guerra de las galaxias, por ejemplo, y esto sigue siendo uno de los puntos más importantes para los que simpatizan con la tesis de que naves interplanetarias visitaron a la humanidad en los tiempos antiguos y dejaron testimonios palpables de ello.

Ahora bien, una vez establecido este pacto del pueblo hebreo por mediación de Moisés de manera intensa y dramática, según el mismo texto bíblico, más adelante Jehová dice que, para hacer esta alianza más palpable, deberán realizarse varias cosas entre las cuales se encuentra precisamente la fabricación del tabernáculo del Arca de la Alianza, de acuerdo con instrucciones precisas dadas por Él al profeta hebreo. Pidió de nuevo Jehová que Moisés ascendiera a la cima del monte, donde permaneció cuarenta días. Ahí recibió una instrucción completa para fabricar una serie de instrumentos y utensilios que servirían para preservar el culto a Dios (Éxodo 24,18; 25,2-9). En el versículo 10 del capítulo 25 del Éxodo, Jehová le dice: "Harán también un arca de madera de acacia, cuya longitud será de dos codos y medio y su anchura de codo y medio, y su altura de codo y medio... Y la cubrirán de oro puro, por dentro y por fuera la cubrirán; y harán sobre ella una cornisa de oro alrededor".

En el capítulo 26, Jehová le pide a Moisés que construya un tabernáculo: "Y harás el tabernáculo de diez cortinas de lino torcido, cárdeno y púrpura, y carmesí; y harás querubines de obra delicada".

Y durante todo este capítulo Jehová continúa dando instrucciones para la construcción del tabernáculo.

Pero, ¿qué es un tabernáculo? Según las definiciones generales, tabernáculo es una palabra que viene del latín *tabernaculum*, que significa "tienda de campaña", lugar donde los hebreos tenían colocada el Arca del testamento, la tienda que Moisés montó en la base del monte Sinaí, que sirvió como un santuario portátil durante los cuarenta años de peregrinación en busca de la Tierra Prometida.

Quienes atestiguaron este evento, describieron al tabernáculo diciendo que ocupaba el centro del campamento, rodeado de una valla y conteniendo un altar y un lavamanos de bronce. La tienda era de forma oblonga con tres lados enmaderados y el lado que daba hacia el oriente tapado con cortinas, mientras que la parte alta se hallaba cubierta con planchas u hojas de diversos materiales. La parte más ancha de la tienda se llamaba el Lugar Santo, contenía el altar de oro del incienso, la mesa de los panes de la proposición y el candelabro de oro de siete brazos y luces. La parte interior, *Sancta sanctorum* o Santo de los Santos, iba tapada con un velo, contenía el Arca de la Alianza, y a ella entraba únicamente el Sumo Sacerdote el día de la Expiación, en que los hebreos celebraban la fiesta o festival de los tabernáculos cuando terminaba la cosecha, durante el mes de octubre, y duraba siete días, viviendo el pueblo en cabañas construidas con manojos verdes, probablemente aludiendo a las que forman los trabajadores de las viñas".[21] El tabernáculo fue construido con la finalidad, entre muchas otras, de hacer las funciones de una especie de templo móvil, porque sólo por él, y mediante él, tenían sentido todos los demás artefactos que lo adornaban así como las ceremonias realizadas allí. Además Jehová sólo podía, a partir de su construcción manifestarse ahí, con gran cuidado y con muchísima precaución, tal y como puede verse en Éxodo 26 y siguientes capítulos.

Puede decirse, sin temor a equivocación alguna, que el Arca de la Alianza es, por encima de todos los demás elementos religiosos físicos y espirituales del pueblo hebreo, su símbolo por excelencia. Un símbolo que plasma las aspiraciones de establecer una alianza con Jehová-

[20] *Diccionario enciclopédico abreviado Espasa-Calpe.* T. VII, Madrid, 1957.

Yahvé, a pedido de él mismo, según se vio, y que, ante sí mismos y ante el mundo, legitima su religión como una necesidad inalienable e inapelable que se propuso el pueblo hebreo cumplir para afirmar sobre todo la convicción de sus creencias, que han sido consideradas como uno de los dos grandes pilares del cristianismo; el otro es, por su puesto, Jesús, el Redentor, que significó mediante su vida y obras, asi mismo oscuras y enigmáticas, el gran sustento espiritual de esta religión tan conocida, al menos en los últimos dos mil años, en Occidente.

El Arca de la Alianza fue tan importante, que la única razón de ser construido el Gran Templo de Jerusalén, considerado como uno de los edificios más maravillosos, fue precisamente para que en él reposara la misma. I Crónicas 28-2: "Y levantándose el Rey David, puesto en pie dijo: oídme, hermanos míos y pueblo mío. Yo tenía en propósito edificar una casa, para que en ella reposara el Arca del Pacto de Jehová, y para el estrado de los pies de nuestro Dios..."

Ahora bien, también uno de los más grandes misterios de la Biblia es el que concierne a la desaparición calculada del Arca, expertos señalan que ocurrió entre el siglo VI y X a.C.; es decir, entre 600 y mil años antes del nacimiento de Jesús. A lo largo de todo el Antiguo Testamento no existe testimonio alguno que dé cuenta de su desaparición. Como si fuera una parte más de la falta de hilación y de sentido de los anónimos redactores del Antiguo Testamento, que nos hace recordar, según vimos, lo súbito de la aparición de Aarón, el hermano de Moisés, levita como él; así, simplemente de un capítulo a otro desapareció por completo de la narración cualquier referencia al Arca de la Alianza, pese a que se han calculado cerca de doscientas referencias de ella desde su aparición en Éxodo 25 hasta las Crónicas, con una duración de tiempo que varía entre los 600 y los mil años.

Es de hacer notar la gran confusión que existe entre expertos del pasado y del presente, que no terminan nunca de ponerse de acuerdo acerca del destino del Arca. Existen hipótesis que la ubican en cuatro lugares probables, localizados en un área de influencia cercana a la antigua Jerusalén. También hay quienes creen que de acuerdo con lo dicho en el texto apócrifo de Baruc, el Arca podría estar escondida en una cueva en el monte Nebo. Otros la ubican entre los restos del segundo Templo de Jerusalén, cerca de la antigua mezquita de la Cúpula de la Roca, erigida sobre el Monte del Templo. La otra hipótesis, muy consistente, es sustentada por el escritor inglés Graham Hancook, autor del libro *Símbolo y señal*, en el que el autor afirma que el Arca en realidad se encuentra oculta en Etiopía, en una localidad que se llama Axum o Aksum, que había sido la antigua capital de esa nación desde la época de los romanos y había adoptado la religión cristiana desde el siglo IV de nuestra era. Ahí, el autor encontró una iglesia llamada "Santa María de Zion", que había sido construida desde el año 372 d.C, para albergar el Arca de la Alianza. Halló a un informante secreto, quien le dijo que el Arca todavía permanecía ahí y que una vez al año era sacada en procesión por la festividad llamada Timkat; el autor presenció dicha procesión y describe un objeto largo, rectangular, cubierto con ropajes azules y que tiene una paloma labrada, sin embargo, no era el Arca original, sino sólo una réplica.

Otra teoría se ha esgrimido en el sentido de que el Arca pudiese estar oculta desde el año 410 d.C. en un templo judío antiguo localizado en el sur de Egipto de nombre Elefantina, el cual fue destruido por los habitantes egipcios de la localidad. Y se cree que de este lugar los judíos sacaron el Arca de la Alianza para trasladarla hasta Etiopía, donde supuestamente se localiza.

En la actualidad, hay una fuerte tendencia religiosa judía cuya meta es la construcción del tercer templo, pero éste no tendrá razón de ser si primero no se recupera o aparece el Arca de la Alianza. ¿Por qué tanto revuelo en torno a este objeto misterioso?

El Arca de la Alianza representa el receptáculo secreto del pacto entre Jehová-Yahvé y su pueblo elegido. Es el único artefacto que las escrituras describen prolijamente y sin ningún asomo de duda. Todos los objetos rituales son únicamente complementos para el Arca.

Los redactores anónimos de las escrituras parecen haber hecho énfasis en las medidas, en los materiales, en el diseño, cuyas descripciones ponen de relieve un uso muy específico de tecnología de alta calidad propia más bien de una civilización muy desarrollada y no de un pueblo de pastores nómades que iban huyendo de Egipto tras casi 500 años de esclavitud: La figura de Moisés se agranda por este rudo contraste: un pueblo de pastores y un verdadero sabio, capaz de tener un contacto cara a cara con la divinidad; contacto en el que el Arca, después de construida, jugó un papel fundamental. Después de su construcción, el Arca dio señales de que no era un objeto común y corriente, tenía un enorme poder destructivo, según se lee en Levítico 16,12: los hijos de Aarón, Nadab y Abiu, con los cuales había ascendido Moisés a la cima del monte Sinaí, para establecer el pacto entre Jehová y su pueblo, penetraron en el *Sancto sanctorum* cargando incensarios de metal, lo que estaba expresamente prohibido en las instrucciones que Jehová había dado en cuanto a la manera de proceder dentro del tabernáculo: una enorme llamarada procedente del arca los devoró materialmente, dejándolos muertos de manera instantánea. El Arca producía chispas y una especie de luminiscencia magnética la rodeaba, de cuando en cuando emitía fogonazos y se desprendían lenguas de fuego. Se creía que era una fuente insólita de luz, algunos creen que la producía de manera paranormal, considerada como una "ardiente energía del cielo" que causaba lepra, tumores (¿acaso sería cáncer?), y que mataba a quienes se aproximaban accidentalmente a ella. De acuerdo al texto bíblico, al parecer sólo Moisés podía aproximarse sin riesgo alguno y, aún así, en algunos pasajes se dice que se cubría bien el rostro, las manos y el cuerpo para evitar algún tipo de radiación dañina. El Arca parecía anular el efecto de la gravedad terrestre, y no sólo podía transportarse por el aire, sino que cargaba a sus exclusivos portadores, los caatitas, hijos de Caat, un clan de la tribu de Leví. De acuerdo con las tradiciones judías más antiguas, el arca desempeñaba, por encima de todo, dos funciones muy concretas: elegía el camino que habían de seguir durante la larga peregrinación en busca de la Tierra prometida, y auxiliaba a los israelitas en las batallas contra sus adversarios hasta que lograran conseguir la victoria.

Al llegar a las riberas del Jordán, debido a la prohibición que Jehová le había hecho a Moisés para que entrara en la Tierra Prometida, éste desaparece en la cima del monte Nebo, no sin antes heredar y traspasar el conocimiento en el manejo del tabernáculo y del Arca a Josué, quien la utilizaría en el célebre episodio de las Murallas de Jericó. También se cree que el Arca tenía que ver con un extraño alimento que les llovía todas las noche a los israelitas en peregrinación: el misterioso maná, que diariamente recogían por las mañanas, con la instrucción expresa de recolectar sólo la cantidad necesaria, estrictamente medida, conforme las necesidades de cada familia. Las escrituras dicen que quienes en la primera noche que ocurrió tal prodigio recogieron de más, sin observar las instrucciones, tuvieron la desagradable sorpresa de ver que el maná que habían almacenado se encontraba lleno de gusanos. El Arca indudablemente contenía poderes altamente destructivos; en el libro de Samuel, capítulos 4, 5 y 6, se dice que algo falló en el Arca y los filisteos se apoderaron de ella tras derrotar a los israelitas en la batalla de Eben Ezer. Luego de capturar el Arca la trasladaron al templo de Dagón, para ofrecerla como presea de guerra. Un tiempo después, de manera imprevista, la estatua del Dios se precipitó a tierra y los filisteos que se encontraban cerca del Arca en ese momento, se vieron afectados por tumores malignos. Trataron de poner el Arca en otro lugar, pero la epidemia continuó hasta que se vieron forzados a deshacerse de ella, la montaron sobre un carro tirado por dos vacas y la dejaron por el camino de Bet Semes.

Ahí fue encontrada por unos campesinos que, al acercarse a tan extraño cargamento, "el Señor los hirió con gran mortandad", al grado
de que setenta personas murieron antes de que se hicieran cargo del
Arca sus verdaderos custodios, mismos que la condujeron hasta
Quiriat-Jeanin, a la casa de Abinadab, donde quedó finalmente, cus-
todiada por uno de sus hijos, hasta que medio siglo después el Rey
David decidió transportarla a Jerusalén. Desde entonces se han sus-
citado varias preguntas acerca de la real naturaleza de este artefacto:
¿fue un reactor atómico?, ¿fue un gran condensador de energías desco-
nocidas?, ¿fue un dispositivo técnico de origen desconocido para mantener contacto con alguna civilización extraterrestre?, ¿era Jehová un
extraterrestre que hizo un pacto primero con Moisés y después con el
pueblo hebreo para realizar pruebas atómicas en nuestro planeta?

El Arca de la Alianza continúa siendo no sólo uno de los grandes
misterios de Occidente, sino de la humanidad, de todos los tiempos.

¿Qué son el Urim y el Thummim?

omo parte de los objetos físicos que Jehová dispuso para el uso del tabernáculo y del Arca de la Alianza, están unos muy extraños que aparecen citados por primera vez en Éxodo 28,30, que dice:

"30. Y pondrás en el pectoral del Juicio Urim y Thummim, para que estén sobre el corazón de Aarón cuando entrare delante de Jehová: y llevará siempre Aarón el juicio de los hijos de Israel sobre su corazón delante de Jehová."

Estos dos objetos formaban parte de las vestiduras que estaban destinadas para uso exclusivo del Sumo Sacerdote. En el versículo 1 del mismo libro, Jehová había pedido a Moisés que Aarón y sus cuatro hijos: Nadab, Abiu, Eleazar e Ithamer, se reuniesen con él: "para que sean mis sacerdotes". El Thummim y el Urim alcanzaron desde la antigüedad el prestigio de ser objetos de uso oracular; eran en una especie de "pectoral de juicio" del que nunca se dijo de qué estaba hecho.

Uno de los aspectos de los que no se suele hablar con frecuencia, debido a que provoca ciertos resquemores entre los "apegados a la palabra escrita", es la no originalidad de muchos de los elementos que se manejan en el Antiguo Testamento: religiosos, civiles, estéticos, etc. Hay una opinión, que tal vez sea minoritaria, que señala las grandes semejanzas que existen con las culturas con las cuales los judíos tuvieron mayor contacto y curiosamente en similares condiciones: la egipcia y la persa. Ambos los tuvieron como esclavos. Por lo tanto, es lógico pensar que de las dos civilizaciones los hebreos extrajeron no pocas costumbres y aspectos relevantes, que aplicaron, especialmente en el ámbito de lo religioso. Su religión guarda así estrecha relación con las arcaicas de Sumeria y Caldea, lo cual fue desgraciadamente borrado de los anales religiosos e históricos, tanto por feroces defensores de la ortodoxia hebrea, como por los no menos celosos y arbitrarios primeros padres de la iglesia católica, quienes manipularon muchos documentos e hicieron desaparecer otros tantos, que hubieran demostrado sobradamente que la religión judía se había sustentado directamente sobre Egipto, Caldea y Persia. Esto viene a colación porque se ha podido comprobar que el uso de Urim y Thummim, del que curiosamente no se ha dado descripción alguna, era común en la antigüa Caldea, en donde se utilizaban objetos semejantes para realizar funciones oraculares vinculadas directamente con dos partes del cuerpo: el estómago y el plexo solar.

De las tablillas cuneiformes encontradas en el siglo XIX, se han podido deducir una serie de datos de todo tipo. Entre ellos destaca una suerte de adivinación que se hacía por medio del abdomen: estómago e intestinos, lo cual indica el uso del ventriloquismo; por medio de esta ventrilomancia, se lograban realizar verdaderos oráculos. En cuanto al plexo solar, se dice que cuando una persona tiene sus facultades psíquicas muy desarrolladas, puede establecer una especie de comunicación telepática ya no por medio del cerebro, sino por medio de despertar al chakra Manipura, localizado en la región lumbar y el Anahata, que corresponde al corazón. Estas técnicas adivinatorias eran muy comunes en la Caldea antigua y, de alguna manera, deben haber sido asimiladas por los hebreos durante su cautividad en Babilonia, por lo que aparecieron prescritas mediante el uso de estos dos objetos misteriosos. La etimología de la palabra Urim guarda una estrecha relación con *ur*, que significa "luz", "brillo", "oro" y "fuego". Las palabras griegas utilizadas por los primeros copistas definen a Urim como "mostrar o manifestación", "visible o claro". San Jerónimo adjudica a la palabra Urim la significación de doctrina, enseñanza o instrucción dada por los sacerdotes. Para la palabra Thummim, se acepta su definición hebrea: que proviene de la raíz *tom,* que significa perfección o estar completo, mismo significado que tiene la palabra en griego τελειοσ "teleios". Los estudiosos hebreos y cristianos ortodoxos no vacilan en asimilar el Urim y el Thummim al pectoral de Aarón, otro artefacto misterioso, formando una sola unidad, una sola pieza cuyo uso religioso está claro que es de tipo oracular, aunque también puede haber cumplido otras funciones.

Desde el punto de vista cabalístico, el Urim y el Thummim adquieren otras connotaciones mucho más profundas, que los vinculan directamente con el uso de la cábala práctica, para el manejo de sellos, sigilos, talismanes y amuletos; y desde esta perspectiva, su uso se filtra en medio de las expresiones abstractas del Zohar, cuyo lenguaje enigmático sólo podía ser comprendido por perfectos sabios, adeptos o iniciados, como Moisés y Aarón, en su hermandad iniciática, pues con toda seguridad deben haber sido iniciados por Ragüel-Jethro en el conocimiento oculto, del cual el Urim y el Thummin deben haber sido elementos fundamentales, asociados tanto con el ministerio del tabernáculo como con el uso del Arca y el ministerio sacerdotal en sí. Existe una descripción anónima de estos dos objetos:

"El Urim y el Thummim eran como el ángel los había descrito; dos piedras preciosas dispuestas en un arco de plata, las cuales estaban engarzadas a un antiguo pectoral curiosamente labrado. El pectoral era cóncavo por uno de sus lados y convexo por el otro, y parecía haber sido hecho para un hombre de gran estatura, mayor que la del hombre común de nuestros días. Los platos eran de oro, de tamaño uniforme, cada uno ligeramente menos grueso que una hoja común de hojalata; tenían cerca de 21 centímetros de anchura, estaban unidos por tres anillos, los cuales se desplazaban por uno de los lados de los platos. Así asegurados, daban la forma de un libro de 16 centímetros de ancho. Una parte de este volumen estaba sellada: las demás hojas las volteaba José con sus manos: estaban cubiertas en ambos lados con caracteres y signos extraños, pequeños y bellamente cincelados. Se dice que Abraham aprendió del Universo mediante el uso del Urim y del Thummim."[22] Existe una curiosa leyenda que dice que Joseph Smith, miembro fundador de la secta de los Mormones, escribió *El libro del mormón*, gracias al uso del Urim y del Thummim, como un regalo del poder de Dios. Él describía ambos objetos misteriosos como dos piedras transparentes dispuestas en el borde de un cuenco de plata unido a un pectoral.

Poco antes de morir (desaparecer) Moisés en Deuteronomio 33,8:

"...a Leví dijo: tu Thummim y tu Urim, con tu buen varón, al cual tentaste en Masah, y le hiciste venir en las aguas de la rencilla..."

El misterio del Urim y del Thummim también queda en el aire, a pesar de que se ha intentado desentrañar su verdadero significado, sus verdaderas funciones, sus verdaderas características de manufactura; mientras tanto siguen alimentando la búsqueda de hombres dispuestos a desentrañar su impenetrable significación para presentar hipótesis sobre él: ¿no serán acaso un pequeño magneto o convertidor de energía, que funciona únicamente con cierto tipo de hombres? ¿Cuáles hombres, los que tienen un desarrollo especial, tanto moral como mental y físico? ¿Solamente los "elegidos" por Jehová pueden usarlos? ¿Funcionan como una puerta dimensional, para que entidades o energías extraterrestres penetren en nuestro plano de existencia?

---

[22] *The Book of the Mormon*, editado por J.S. S.L. City, 1906. 1a edición.

Sansón, el hijo milagroso

Entre la galería de héroes bíblicos extraordinarios, cuyo origen fue misterioso y su recuerdo imborrable, se encuentra el mítico Sansón, cuyas hazañas significan la aplicación y buen uso de la fuerza física al servicio de las causas nobles. Ya hemos señalado los notables paralelismos que existen entre algunos personajes bíblicos y otros que proceden especialmente de la antigua mitología griega, y el de Sansón ofrece notables similitudes con el de Heracles o Hércules, como se le conoce más popularmente. Sin entrar en polémica, sólo quisiéramos apuntar que los personajes legendarios de la Biblia, cuyos orígenes están rodeados de misterio y de hechos equívocos, sin duda, a pesar de que quieran parecer como cortados o, válgase la expresión: "cocidos aparte", a pesar de ese distanciamiento propuesto por el mismo carácter religioso de las Escrituras, muestran el arquetipo que parece proponer la figura y la presencia de los semidioses y héroes legendarios de la mitología griega, como fue el caso apuntado antes del Rey Salomón, y como es el de Sansón.

Con Sansón es inevitable hacer la pregunta: ¿qué pulsión creadora late en el arquetipo del héroe mitológico, el cual, por una razón desconocida hasta el presente, parece repetirse, reproducirse en el carácter del héroe bíblico?

De alguna manera, la historia de Sansón parece pertenecer a un ciclo de narraciones cuya finalidad es, sin duda, más que todo, servir como enseñanza moral, donde se muestra que la presencia de Jehová vuelve relevante a un solo personaje que aparece, ante los ojos de los demás, distinto, diferente. El libro en el que encontramos el relato de Sansón es el de los Jueces, libro que se piensa fue escrito por Samuel. Es el que sigue inmediatamente después del de Josué. Se cree que en él se refieren los hechos que ocurrieron en un periodo aproximado de 317 años. Y se le llama de los Jueces porque contiene la historia de Israel desde la muerte de Josué hasta la de Sansón. Abarca exactamente la regencia de 13 jueces, el último de los cuales curiosamente fue Sansón. El juez israelita ejercía su función en nombre de Jehová y era una autoridad soberana delante de todo el pueblo, antes de que la administración del Estado se organizase de una manera más compleja.

El relato de Sansón abarca desde finales del capítulo 13 hasta finales del capítulo 16, y tiene además la peculiaridad de que en una de sus andanzas, Sansón presenta un enigma, que se resuelve a favor de sus contrarios, gracias a la presión de su esposa.

En otra narración canta una especie de estribillo y, finalmente, en otra, es reducido a la esclavitud para morir dignamente, aplastando a sus enemigos y enalteciendo a Jehová, Señor y Dios de Israel. Su característica más sobresaliente, aparte de la fuerza hercúlea con la que fue dotado, es que siempre se muestra como dócil, indefenso y sumiso ante la figura femenina, ya sea la de su madre, su esposa o, finalmente, ante la de Dalila, quien le traiciona y le conduce a su desgraciado fin. Aquí vuelve a establecerse cierto paralelismo con los actos de Hércules, especialmente con el enigmático episodio de la rueca de Onfalia, en que el héroe griego tiene que vestirse de mujer. Más allá de estos paralelismos, el origen de Sansón parece encontrarse en el de su propia fuerza misteriosa.

Se lee en Jueces 13,2:

"Y había un hombre de Zora, de la tribu de Dan, el cual se llamaba Manoa; y su mujer era estéril que nunca había parido."

Es inevitable hacer una llamada de atención para establecer un cuestionamiento ¿por qué la mayoría de los héroes bíblicos provienen o han nacido de una mujer hasta entonces estéril? Sara, la esposa de Abraham, era estéril hasta que en sueños Jehová se le apareció diciéndole que iba a dar a luz a un hijo en su vejez (Génesis 21, 1-2); en el Nuevo Testamento, Isabel, esposa de Zacarías, también era estéril cuando recibió la visita de un ángel y poco después nació Juan el Bautista. Basten estos ejemplos de un elemento de misterio que no ha podido ser dilucidado y que queda también como algo inexplicable que pasa a formar parte del prestigio, de la fama del héroe bíblico, llámese Sansón, Isaac o Juan Bautista. Siendo una humanidad experimental de seres extraterrestres, cabe pensar seriamente que éstos escogieran mujeres estériles para practicar la fecundación *in vitro*.

Se menciona en Jueces 13,3: "A esta mujer se apareció el ángel de Jehová, y díjole: He aquí que tú eres estéril y no has parido: mas concebirás y parirás un hijo... Ahora, pues, mira que ahora no bebas vino ni sidra, ni comas cosa inmunda... Porque tú te harás embarazada y parirás un hijo y no subirá navaja sobre su cabeza, porque aquel niño será nazareo a Dios desde el vientre y él comenzará a salvar a Israel de mano de los filisteos".

Es preciso preguntarse si este ángel, entidad extraña que se le apareció a la madre de Sansón, ¿era verdaderamente un ángel, era algún elemental, o un ingeniero en biogenética que se encargaba de realizar la fecundación *in vitro*? Había algo fuera de lo común en estas sucesivas apariciones de supuestos ángeles que hace pensar en otro tipo de entidades, tal vez más cercanas a lo paranormal o a lo extraterrestre. Aparece además la orden categórica de que durante el embarazo no deberá consumir ni vino ni sidra, ni alimentos impuros. Además, el texto se refiere a que el niño, desde el vientre de su madre, será nazareo a Dios y no subirá navaja sobre su cabeza.

La palabra "nazar" en hebreo comúnmente significaba abstenerse de ciertas cosas, entregarse al servicio social o religioso; el término es muy ambiguo y no define con claridad hacia qué actividad se debía entregar en servicio aquel niño, aunque por el pedido de abstención en el consumo de vino, sidra y alimentos inmundos, se puede pensar que el padre de Sansón, Manoa, hubiera pertenecido a uno de esos grupos apartados de la ortodoxia religiosa y que se dedicaban más a la búsqueda y a la exaltación espiritual, grupos que incluso podrían haber sido los que posteriormente, unos 300 años antes de Cristo, hayan dado origen a los enigmáticos Esenios, quienes de alguna manera renunciaban a la ingestión de vino y sidra, no comían carnes de ningún tipo y llevaban una vida de estudio, contemplación y sobriedad.

En el relato de Sansón se hace referencia a su peculiar afición al ejercicio físico y al uso de su fuerza, sin pertenecer al ejército, proponiendo que conjuntaba en su persona dos oficios muy distantes como el de soldado y el de monje o sacerdote. Esto inevitablemente hace pensar en los monjes-soldados de la legendaria Orden de los Caballeros del Templo o del Temple.

El relato de Sansón continúa diciendo que el ángel se le apareció antes de su nacimiento (Jueces 13,12) para advertirle que se tenía que cumplir estrictamente lo que se le había prescrito y no apartarse de ello. Más adelante, el padre de Sansón, Manoa, le dice al ángel que en agradecimiento quiere sacrificarle un cabrito y le pide que le dé su nombre; a lo cual el ángel replica (Jueces 13,18): "¿Por qué preguntas mi nombre, que es oculto? Nuevamente nos enfrentamos a otro aspecto misterioso u oscuro; lo lógico es que el ángel le hubiese dado una respuesta, sin embargo no se la da y sólo se limita a realizar un prodigio ante él, que fue ponerse encima de la llama de la ofrenda que Manoa había puesto para adorar a Jehová: ambos, Manoa y su esposa, inclinaron su rostro hacia el suelo, y después Manoa, temeroso, dice que por haber visto al ángel de Jehová habrán de morir. La mujer le responde que si ese hubiese sido el deseo de Jehová, no hubiera aceptado ni el holocausto ni la ofrenda, ni hubiesen presenciado el prodigio de aquel ángel parado sobre el fuego.

Dice en Jueces 13:24: "Al paso del tiempo la mujer dio a luz a un niño, al cual le puso por nombre Sansón. El niño creció bajo la bendición de Jehová".

Así se consigna el nacimiento de este niño. Ya grande, Sansón se enamoró de una filistea y pidió a su padre que solicitaran la mano de aquella joven, para él. Los padres dudan, pero Sansón insiste y estos acceden a su petición, y en su camino hacia donde vivía la joven, Sansón se enfrentó, a un cachorro de león; en Jueces 14,6 y 7, se consigna este hecho. Se dice que lo despedazó con sus manos, de la misma manera en que Hércules se enfrentó al león de Nemea, y Sansón fue al encuentro de la mujer que le había gustado. Poco después, de regreso a su casa, Sansón pasó de nuevo junto al cadáver del león y vio que allí había un panal de miel y numerosas abejas. Sansón lo tomó y convido de la miel a su padre y a su madre. Más adelante, el héroe ofrece un banquete para honrar a su mujer, y en medio de la celebración propone una apuesta a los jóvenes que se habían reunido con él. Ellos deberían resolver el enigma que Sansón les diría.

En Jueces 14,14 se consigna de esta manera: "Entonces les dijo: del comedor salió comida, y del fuerte salió dulzura".

Los filisteos, no pudiendo resolver la adivinanza al cabo de tres días, amenazaron a su esposa y a su familia de muerte; la temerosa joven se quejó con Sansón, pidiéndole que le diera la respuesta; ante tal insistencia, Sansón se la da. Ella a su vez comunica esta respuesta a los filisteos, salvando de esta manera a sus familiares. Los orgullosos filisteos dieron la respuesta a este héroe y ganaron la apuesta. Sin embargo, el hebreo, lleno de cólera por la traición de su mujer, la deja en manos de un amigo y se interna en tierra filistea, peleando con los guerreros y venciéndolos. Allí Sansón conoce a Dalila y se enamora de ella. Los filisteos, al saberlo, se acercan a ella para convencerla de que le pida que le revele el secreto de su fuerza. Ella lleva a cabo varias tentativas sin resultados positivos, hasta que por fin el héroe bíblico le confiesa que su fuerza radica en su cabello largo, y poco después se duerme sobre sus rodillas. Dalila, aprovechando este momento, toma unas tijeras y le corta siete mechones, por lo que Sansón queda inmediatamente sin fuerza. Ella llama a los filisteos y lo toman preso sin ninguna dificultad, le sacan los ojos, lo llenan de cadenas y lo llevan a la cárcel, donde es condenado a trabajar en un molino. Poco después le vuelve a crecer el cabello. Mientras tanto, la época de la festividad del dios Dagón se acerca. Los filisteos se encuentran preparando todo en el templo, y durante el banquete piden la presencia de Sansón, encadenado y humillado. Los participantes se burlan de él y lo humillan. Entonces, el ciego Sansón le pide a un sirviente que le diga en dónde están las columnas del templo; éste, de manera ¿"inocente"?, lo lleva hasta ellas, lo acomoda y Sansón las abraza, de manera tan fuerte que las derrumba mientras grita:

"Muera yo con los filisteos –y cayó la casa sobre los príncipes y sobre todo el pueblo que estaba en ella. Y fueron muchos más los que de ellos mató muriendo, que los que había matado en su vida." (Jueces 16,30.)

Este relato es muy intenso e impresionante, y la obligada pregunta es: ¿verdaderamente debía Sansón su fuerza a su cabello largo; o el cabello está representando un aspecto misterioso y desconocido que permitía que él realizara tales hazañas?, o ¿quizás había recibido tal instrucción, alimentación, formación física, mental y espiritual, desde antes de nacer, que su fuerza era debida a una "conciencia especial de un ser humano desarrollado"?, o ¿era Sansón de una raza desconocida, tal vez un gigante, del cual ocultaron la identidad los anónimos copistas de las sagradas escrituras?

Las murallas de Jericó

tro gran misterio bíblico es el que se refiere a la caída o derrumbamiento de las murallas de la antiquísima ciudad de Jericó, a manos de los soldados israelitas comandados por Josué.

Habiendo sido consagrado Josué, hijo de Nun, ministro de Moisés, dice la Biblia (Josué 1, 1-2):

"Mi siervo Moisés es muerto; levántate pues ahora, y pasa este Jordán, tú y todo este pueblo, a la tierra que yo les doy a los hijos de Israel."

Tal fue el mandato de Jehová dado a Josué, quien tuvo la encomienda de guiar al pueblo israelita, tras haber penetrado en la Tierra Prometida, hasta el sitio en que habían de erigir las ciudades y asentarse. El límite señalado en las Escrituras es el río Jordán, moviéndose del Oeste hacia el Este, para penetrar de lleno en la Tierra Prometida. Esta etapa final, tras una larga serie de acontecimientos, también se realizó no sin ciertos eventos que recuerdan la huida de Egipto y el paso por el Mar Rojo. En este caso, una vez llegado el pueblo en su totalidad al margen occidental del Jordán, Jehová le comunica a Josué cómo debía proceder. Le dice que antes de cruzar el río, envíe a los espías para que reconozcan la tierra y Jericó (Josué 2,1). Poco después, una prostituta llamada Rahab los oculta de los soldados del rey de Jericó, a quien le habían llegado noticias sorprendentes acerca de cómo los hebreos habían escapado de Egipto y cruzado el Mar Rojo (Josué 2,10), lo cual, según el relato, había provocado gran temor entre las gentes de ese reino, y había enviado a sus soldados para que averiguasen lo que sucedía en realidad. Rahab distrae a los soldados mandándolos a otro lugar y les dice a los dos espías que se escondan en el monte durante tres días hasta que desaparezcan los soldados, y les pide que juren que él y su familia serían respetados durante el ataque.

Después de los tres días, los oficiales de campo de los hebreos comunicaron al pueblo que cuando vieran pasar el Arca de la Alianza, se pusieran en marcha tras ella. Así cuando los portadores cruzaron el Jordán, se lee en Josué 3,16:

"Las aguas que venían de arriba, se pararon como un montón bien lejos de la ciudad de Adam, que está al lado de Sarethan; y las que descendían al mar de los llanos, al mar Salado, se acabaron y fueron partidas; y el pueblo pasó en derecho de Jericó..."

El prodigio del cruce del Mar Rojo se repitió en las aguas del río Jordán, el fondo quedó completamente seco, y todo el pueblo de Israel cruzó a salvo hacia la otra orilla, mientras el Arca estaba sostenida en medio de las aguas provocando este insólito milagro.

Una vez que hubieron cruzado el río, cuarenta mil hombres de guerra se dispusieron a luchar para conquistar la ciudad de Jericó, que estaba fuertemente amurallada. Antes de realizar la conquista, Jehová ordenó que todos los varones de Israel se circuncidaran de nuevo, puesto que todos los ancianos y los padres de ellos que habían huido de Egipto habían muerto ya, y por lo tanto Jehová les pidió la renovación de su pacto. Los israelitas cumplieron con este mandato. Cuando sanaron, mientras se encontraban reposando, empezaron a comer los frutos de aquella tierra, los cuales eran abundantes, por lo que el maná dejó de caer del cielo a los soldados hebreos. Una vez que éstos estuvieron repuestos y bien pertrechados, se dispusieron a conquistar la ciudad. Antes de hacerlo apareció un hombre armado con una espada desnuda. Josué 5,13 dice:

"Estando Josué cerca de Jericó, alzó sus ojos y vio un varón que estaba delante de él, el cual tenía una espada desnuda en la mano...

Josué, acercándose a él, preguntó si era amigo o enemigo, a lo que éste respondió:

"...No, mas príncipe del ejército de Jehová, ahora he venido..." (Josué 5,14).

Poco después avanzó todo el ejército y vieron que la ciudad estaba completamente cerrada a causa del miedo que había provocado su llegada. Jehová le dijo a Josué que le había entregado Jericó, con todos sus habitantes, y les ordenó que pusieran cerco a la ciudad y a los soldados les dijo que dieran vueltas alrededor de ella una vez cada día durante seis días. Se lee en Josué 6,4:

"Y siete sacerdotes llevarán siete bocinas de cuernos de carneros delante del Arca, y al séptimo día darán siete vueltas a la ciudad y los sacerdotes tocarán las bocinas."

"5. Y cuando tocaren prolongadamente el cuerno del carnero, así que oyéreis el sonido de la bocina, todo el pueblo gritará a gran voz, y el muro de la ciudad caerá debajo de sí: entonces el pueblo subirá cada uno en derecho de sí."

Éste es el relato de otro hecho asombroso cuya memoria continúa vigente hasta nuestros días. En los últimos años del siglo XIX y a lo largo del siglo XX, sucesivas expediciones europeas y norteamericanas han tratado, siguiendo la descripción viva de los hechos, de localizar la posición exacta de la ciudad, ¿con la finalidad de corroborar el hecho bíblico gracias al testimonio irrefutable de la prueba arqueológica? ¿Hubo en ese lugar una explosión extraordinaria para aquellos tiempos o existirá algún resto de un explosivo que pudiese demostrar que los extrate-rrestres tuvieron que ver en este asunto? Es muy probable que la respuesta pueda ser afirmativa. Por primera vez el famoso mayor del ejército inglés Sir Charles Warren, del cuerpo de Ingeniería del Ejército Real, realizó investigaciones en Palestina en 1867. Se hizo famoso por el trabajo de investigación que llevó a cabo en Jerusalén. En un punto geográfico donde consideró que se encontrarían vestigios de la antigua Jericó, hizo perforaciones y dio con una formación rocosa a la cual no le prestó atención alguna: es el mismo lugar en que, cien años después, la investigadora Kathleen Kenyon, también inglesa, realizó su trabajo decisivo.

Ya en el siglo XX entre 1908 y 1911, un equipo alemán encabezado por L. Settin y T. Watzinger, realizó trabajos de investigación cuidadosos, pero el problema con el que se enfrentaron fue la imposibilidad de fechar adecuadamente sus hallazgos. Para 1930, la Universidad de Liverpool, en Inglaterra, encargó una investigación que fue dirigida por el profesor John Garstang, de gran reputación en el mundo de la ciencia; se trabajó durante seis años duramente. Clasificaron sus hallazgos de cerámica y anunciaron al mundo que por fin habían encontrado las ruinas de las míticas murallas de Jericó. Gracias a sus hallazgos, se pudo comprobar que los muros de la ciudad de Jericó habían sido arrasados por el fuego de Josué, supuestamente, correspondiendo exactamente a lo narrado en las sagradas escrituras. Sin embargo, 20 años después la investigadora Kenyon demostró sobradamente ¡que los restos hallados databan del año 2100 antes de Cristo!, por lo que se anticipaba en más de 700 años a los hechos narrados en la Biblia, lo cual ciertamente alimentó especulaciones acerca de cuáles habían sido las causas misteriosas para esta destrucción tan temprana de la ciudad. Se llegó a la conclusión de que nada sobrevivía para ilustrar el relato bíblico. ¿Por qué?, ¿porque acaso los hebreos tomaron este relato de otra cultura y lo adaptaron a la suya?

Como siempre sucede en este tipo de investigaciones, las discusiones son interminables. Cada quien defiende sus argumentos y postula sus tesis, pero es muy probable que las ruinas ubicadas hacia el Oeste del Jordán y a 300 metros bajo el nivel del mar hayan pertenecido ciertamente a la mítica Jericó.

Las preguntas quedan como siempre, como baluartes del misterio insondable. El paso de las edades y la destrucción sistemática de la naturaleza oscurecen más los enigmas; sin embargo, se da la posibilidad de que una inteligencia extraterrestre haya intervenido en la destrucción de la mítica ciudad, porque se piensa que con las limitaciones técnicas de los israelitas de aquellos tiempos, no se podía derrumbar las murallas de una ciudad que a todas luces parecía inexpugnable, tan sólo con el sonido de una trompeta; pero también todo esto recuerda los encuentros de Moisés con Jehová en la cima del monte Sinaí, en que se describe el sonido producido por unas misteriosas bocinas, que bien pudo haber sido originando por platillos voladores; pero: ¿qué fue lo que realmente destruyó la ciudad de Jericó? ¿Fueron las trompetas, los gritos de todo el pueblo hebreo o las acciones misteriosas del Arca de la Alianza, cumpliendo una de las dos funciones para las que supuestamente había sido fabricada por deseo de Jehová?

EL REY SALOMÓN

S i el Arca de la Alianza es el objeto físico más prestigioso del Antiguo Testamento, el personaje más célebre es, sin duda, el mítico Rey Salomón, hijo de David, por encima de los patriarcas como Noé, Abraham, Isaac, Moisés, Josué, Aarón; incluso es más famoso que su propio padre, el Rey David, vencedor de Goliat.

Salomón representa una de las figuras bíblicas más sublimes, más profundas e intensas, porque en él encarnaron la belleza, la justicia, la misericordia y la agudeza de quien, dueño de sí, supo expandir el prestigio no sólo de su persona, sino de su sabiduría, expresada en las partes más bellas de la Biblia: Proverbios, Eclesiastés, Eclesiástico y el Cantar de los Cantares. Salomón fue una presencia que supo rebasar no sólo las limitaciones del espacio-tiempo, sino las de raza y religión, porque los musulmanes, por ejemplo, reconocen en él a un Rey Profeta, Escogido del Señor, Gran Sabio: Sura XXXVIII, 29: "A David dionos Salomón. ¡Qué excelente servidor! Gustará de volver a Dios".

Tal vez el principal misterio en torno al Rey Salomón gire en relación a su propia existencia. ¿Fue el Rey Salomón en verdad hijo de David?

Según la cronología histórica, se dice que Salomón nació en el año de 975 a.C. Según el relato bíblico, en Samuel 12,24, Salomón fue hijo de Bath-Sheba, o Betsabé, como lo menciona la Vulgata Latina, quien era una hermosa mujer de la cual el Rey David se había enamo-

rado una tarde al despertarse en su palacio, cuando de lejos la vio
bañarse.   Dice II Samuel 11,2:

"Paseaba por el terrado de la casa real, cuando vio desde el terrado
una mujer que se estaba lavando, la cual era muy hermosa..."

La atracción que sintió el Rey hacia la mujer fue instantánea. Mandó preguntar quién era, cómo se llamaba. Supo que era la esposa de
Urías Hetheo, un soldado del ejército de los israelitas. Lo mandó traer
junto con ella, la sedujo y cometió adulterio; no conforme con esto,
vio la manera de que Urías falleciera, pidiéndole a uno de sus oficiales
que pusiera a éste en el frente más peligroso de la batalla. Mientras
tanto, como consecuencia del adulterio, Bath-Sheba quedó embarazada. Al poco tiempo llegó la noticia de la muerte de Urías en el frente,
casi en el mismo momento en que la mujer anunciaba que había quedado embarazada. Jehová, al darse cuenta de esta acción tan malvada,
mandó a un hombre llamado Nathan, profeta, para que le dijese a
David que ante los ojos de Jehová era un pecador y que, por tal motivo, habría de recibir un justo castigo, el cual consistió en la muerte del
pequeño hijo, producto de su adulterio con Bath-Sheba, quien murió enfermo tras siete días de sufrimientos y agonía; ésto provocó que
David sintiese una pena muy honda y, en desagravio, fue al templo a
adorar a Jehová. Bath-Sheba también entristeció por la muerte dolo-
rosa de su pequeño, y al verla en ese estado David la consoló, lo que
dio como resultado que de esta segunda unión naciera Salomón (II
Samuel 12,24): "Y consoló David a Bath-Sheba, su mujer, y entran-
do a ella durmió con ella; y parió un hijo, y fue su nombre Salomón, al
cual amó Jehová".

Observamos que el origen de este mítico rey ocurrió en medio de
una serie de equívocos manifiestos, originados por actos reprobables
de adulterio de David y la muerte del esposo de Bath-Sheba, ordenada directamente por aquél. Inevitablemente surge la pregunta: ¿Cómo

podía haber alcanzado tanta fama y tanta gloria un rey que era producto, literalmente, del pecado?

Es curioso señalar al respecto que esta circunstancia extraña no ha ocurrido únicamente en el caso de Salomón, pues también otros reyes legendarios y héroes tuvieron un origen más o menos similar: fueron producto de un adulterio y más tarde, en medio de dificultades determinadas por sus oscuros nacimientos, salieron adelante, cumpliendo sus destinos.

En la mitología griega, por ejemplo, el héroe Teseo tuvo un origen producto de un engaño marital de su padre Egeo; Heracles, en realidad fue hijo de Zeus, quien seducido por la belleza de Alcmena decidió pasar con ella una larga noche: "Su verdadero padre es Zeus, quien aprovechándose de la ausencia de Anfitrión, que había salido para una expedición contra los telebeos, tomó su forma y aspecto para engañar a Alcmena y engendró al héroe en el curso de una larga noche, prolongada por orden suya..."[23] Un nacimiento similar tuvo también el mítico rey Arturo, el héroe de Camelot, fundador de los célebres Caballeros de la Mesa Redonda, y en cierta medida padre del Reino de la Gran Bretaña. Fue producto de una larga noche de amor. Su padre, el rey Uther-Pendragon, al visitar el castillo de un rey con el que estaba guerreando, quedó prendado de la hermosura de su esposa, llamada Igrayne; pidió al mago Merlín que lo ayudara, y lo transformó en el ausente esposo que había salido a guerrear, Uther-Pendragon pasó una larga noche con la hermosa dama, y fruto de esa unión fue precisamente el rey Arturo.

Cabe recordar, como se mencionó en capítulos anteriores, que la primera versión conocida de las Sagradas Escrituras estaba escrita en griego; por lo que no es de dudar que la idiosincrasia de la cultura griega quedara impresa al momento de redactarlas y, por tanto, se diesen asombrosas similitudes entre los héroes bíblicos y los héroes de la mitología griega.

[23] *Diccionario de mitología griega y romana*, Pierre Grimal, 1ª ed. Paidós, Argentina, 1981.

Sin duda, el simbolismo abstruso del enamoramiento del Rey David parece ocultar algo mucho muy profundo que la simple acción adúltera. Sobre todo porque Salomón se convirtió en el rey más sabio y poderoso de todo el Medio Oriente y su fama traspasó las fronteras del pequeño reino de Israel, hasta llegar a oídos de otra mujer muy enigmática, la legendaria Balkis, reina de Saba.

Al envejecer el Rey David, como consecuencia lógica, ya no tenía ni la energía ni la claridad suficientes para atender las necesidades de su reino, por lo que su hijo primogénito Adonía (I Reyes 1,5), hijo de Haggit, por su propia convicción y aconsejado por gente cercana, decidió que él habría de reinar, lo cual fue mal visto por algunos de los profetas y sacerdotes allegados al Rey David, quienes alertaron a Bath-Sheba para que reclamase e hiciera efectiva la promesa que el Rey le había dado de que a su muerte el heredero sería el hijo de ambos: Salomón. (I Reyes 1,17.)

Poco después, en efecto, David confirmó la promesa realizada a su esposa y decretó que Salomón fuese quien le sucediera en el trono de Israel (I Reyes 1,30). Lo curioso es que en I Reyes 1,38, para cumplir el decreto de David, Sadoc y Nathan hicieron subir a Salomón en la mula del Rey David y lleváronlo a Gihon. I Reyes 1,39 dice:

"Y tomando Sadoc sacerdote el cuerno del aceite del tabernáculo, ungió a Salomón: y tocaron trompeta y dijo todo el pueblo: ¡Viva el Rey Salomón!"

En este pequeño fragmento del relato, encontramos algunas cosas dignas de consideración, y que ponen de relieve la grandeza y el gran simbolismo que tiene el Rey Salomón. Son las siguientes:

1. Para hacer cumplir el mandato-decreto del Rey David, de que su hijo Salomón fuera quien le sucediese, el sacerdote Sadoc y el pro-

feta Nathan van por él, como enviados y propios del Rey, y en su nombre le hacen montar en la mula de David y lo conducen a Gihon. Ahora bien, si se recuerda, la palabra Gihon apareció por primera vez en el Génesis 2,3: "El nombre del segundo río es Gihon". Éste es uno de los cuatro ríos que se derivan del río principal que irriga al Jardín del Edén.

Una pregunta que se desprende es ¿por qué debe ser conducido Salomón sobre los lomos de una mula hacia Gihon, que en realidad es el nombre de uno de los cuatro ramales que riegan el Paraíso? ¿Por qué sobre una mula, que es un animal que no puede reproducirse, porque es una cruza de asno con yegua?

2. El otro aspecto que llama la atención es precisamente que Salomón sale para ser ungido como rey, sobre un animal híbrido, lo que hace recordar de manera inevitable el viaje que casi mil años después habría de realizar Jesús de Nazareth montado sobre un asno para entrar en Jerusalén, donde sería recibido y aclamado por la multitud en medio de vítores y palmas.

3. El otro aspecto antecede en mil años a Jesús, quien fue llamado "Mesías" o "Ungido"; en I Reyes 39, se dice de Salomón: "Y fue ungido", haciéndolo Sadoc un Mesías en el sentido verdaderamente bíblico, lo cual también nos hace pensar en Jesús, "hijo de la casa de David". Ambos hijos de David, para ser proclamados rey uno y Mesías el otro, montan a lomos de una mula y de un asno; la mula conduce a Salomón al tabernáculo, donde literalmente fue ungido con el cuerno de aceite, y Jesús entró a Jerusalén montado sobre un asno para ser proclamado hipotéticamente "Rey de los judíos". Las siglas de esta frase estaban escritas en la parte superior de la cruz en la cual habría de morir: "IESUS NAZARENUS, IUDEORUM REX", INRI; el uno viviría una vida maravillosa mientras el otro habría de morir crucificado. En realidad son de llamar la atención estas asombrosas semejanzas entre dos reyes: uno de magos y el otro de la humanidad sufriente.

Salomón, tras ser consagrado rey y desbaratar una conjura en su contra encabezada por Adonía, su hermano mayor, reafirmó su reino ante los ojos de Jehová, quien le ofreció concederle cualquier deseo. En I Reyes 3:5,9,13, se muestra el diálogo que tiene Jehová con Salomón mientras éste duerme. Dice:

"5. Y aparecióse Jehová a Salomón en Gabaón una noche en sueños y díjole: Pide lo que quisieras, que yo te lo daré."

Salomón le responde:

"9. Da pues a tu siervo corazón dócil para juzgar a tu pueblo, para discernir entre lo bueno y lo malo, porque ¿quién podrá gobernar éste tu pueblo tan grande?

"13. Y aun también te he dado las cosas que no pediste, riquezas y gloria tal, que entre los reyes ninguno haya como tú en todos tus días."

Poco después, ocurrió el hecho que consolidó su fama de rey justo. En I Reyes 3,16-28, dice que se presentaron ante él dos mujeres públicas que alegaban que, estando juntas, una dio a luz estando la otra presente; la otra a su vez dio a luz al tercer día, y una noche el hijo de una de ellas murió porque su madre se acostó sobre él, por lo que fue por el hijo de la otra y lo puso a su lado como si fuese el propio; al niño muerto lo puso en el lugar de la otra. Ésta al día siguiente se levantó en la mañana para amamantar a su hijo, pero se dio cuenta que estaba muerto y descubrió que no era el niño al que había dado a luz. La otra mujer dijo no, mi hijo es el que vive y el tuyo es el muerto; todo eso lo iban diciendo enfrente de Salomón. El Rey dijo: esta mujer dice, mi hijo es el que vive y tu hijo es el que ha muerto; la otra replica, no, el tuyo es el que murió y mi hijo es el que está vivo. Y ordenó Salomón que trajesen un cuchillo. En el acto sus sirvientes le obedecieron. Enseguida ordenó: Partan por la mitad al niño vivo: den la mitad a una y la otra mitad del niño a la otra. Entonces la mujer que era la madre del niño vivo, le dijo al Rey –porque se le conmovieron las entrañas– ¡Ah Señor mío! Dad a ésta el niño vivo, y no lo matéis. Pero la otra replicó: ni a mí ni a ti; pártanlo. Entonces Salomón respondió: dad a aquella el hijo vivo y no lo matéis; ella es su madre.

Y todo Israel oyó aquel juicio que había dado el Rey; y temieron al Rey porque vieron que había en él sabiduría de Dios para juzgar.

Fueron muchas las cualidades que Salomón tuvo como rey de todo Israel; tuvo sabiduría, prudencia, anchura de corazón, "como la arena que está a la orilla del mar". Dice la Biblia que fue mayor la sabiduría de Salomón que la de todos los orientales y que la de todos los egipcios. El texto continúa explicando que conocía de árboles, animales, aves, reptiles y peces. Que propuso tres mil parábolas y escribió mil y cinco versos.

En los capítulos 5,5 y 6,1, Hiram, rey de Tiro, envió siervos a Salomón porque supo que lo habían ungido rey, y en respuesta, éste le pide que le ayude a construir el templo para Jehová.

"5,5. Yo, por tanto, he determinado ahora edificar casa al nombre de Jehová mi Dios, como Jehová lo habló a David mi padre, diciendo: tu hijo que yo pondré en lugar tuyo en tu trono, él edificará casa a mi nombre.

"6,1. Y fue en el año cuatrocientos ochenta después que los hijos de Israel salieron de Egipto, en el cuarto año del principio del reino de Salomón sobre Israel, en el mes de Ziph, que es el mes segundo, que él comenzó a edificar la casa de Jehová."

El misterioso Templo
de Salomón

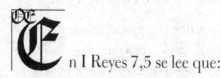

En I Reyes 7,5 se lee que:

"Así se acabo toda la obra que dispuso hacer el rey Salomón para la casa de Jehová. Y metió Salomón lo que David su padre había dedicado. Es, a saber, plata y oro, y vasos, y púsole todo en guarda en las tesorerías de la casa de Jehová."

¿Existió realmente el famoso templo de Salomón? ¿Fue su descripción en las Escrituras, en lenguaje críptico y cerrado, la de una serie de operaciones ininteligibles, para encubrir otro tipo de hechos, cosas, acciones que sólo son comprensibles para unos pocos? Es decir, ¿para los iniciados o adeptos?

Mucho se ha dicho, escrito y afirmado con relación al mítico y misterioso templo de Salomón, pero, ¿en verdad existió una construcción tan colosal, de tanta envergadura? Las exploraciones arqueológicas recientes, de unos cien años hasta nuestros días, poco han podido probar, a excepción de unos supuestos restos visibles del templo, que son el famoso Muro de las Lamentaciones, el cual tiene un gran valor religioso para el pueblo judío de nuestros días. Se dice que la famosa Mezquita de la Roca, ubicada sobre el Monte del Templo, ocupa otra parte de los restos del templo. Ahora bien, el historiador Flavio Josefo da cuenta, como testigo presencial en el año 70 d.C., de los supuestos restos del templo en un relato de primera mano, pues observó la destrucción de Jerusalén a manos de los romanos.

Algunos estudiosos y expertos en los años recientes, desde los setenta del siglo XX hasta nuestros días, han llegado, incluso, a la asombrosa conclusión de que el templo no fue construido sobre el monte del Templo, como se había creído desde la antigüedad latina. Por supuesto, éste es un enigma más y tiene que ver con la razón de ser, tanto de la religión judía de la actualidad, como con la del Arca de la Alianza y surge de nuevo la pregunta: ¿existieron ambos objetos, uno para adorar a Jehová y el otro para conducir al pueblo durante la larga peregrinación en busca de la Tierra prometida? ¿Era el Arca de la Alianza un arma atómica? ¿Cuál es el misterio que subyace tras estos enigmas?

Una cosa puede decirse sin caer en exageración alguna: el templo de Salomón simboliza la casa de Dios para las religiones monoteístas: judaísmo, cristianismo, islamismo.

No puede concebirse a ninguna de estas religiones sin una casa, sin un lugar santo consagrado *ex profeso* para que en él se realicen todas las funciones sagradas, litúrgicas, ministeriales, que son uno de los aspectos esenciales para cada una de estas grandes religiones. No puede concebirse al judaísmo sin sus sinagogas, al cristianismo sin sus iglesias y al islamismo sin sus mezquitas: todas proceden, de algún modo, de una fuente común que es el templo de Salomón. Sea que éste haya existido físicamente, sea que haya sido una profunda y abstrusa alegoría que, entre otras cosas, justifica hasta el mismo nombre de religión: *re*, "cosa"; *ligare*, "unir", ¿Unir qué? Al hombre con la Divinidad. Y ¿en dónde ocurre este ministerio? En el interior del templo físico, o en el interior del templo interno, cuya alegoría expresa de manera profunda el simbolismo arcano del Templo de Salomón; ya que, ante esta perspectiva, ¿no es acaso posible que los investigadores estén equivocados al buscar este templo en la superficie de la Tierra, pues el Templo de Salomón es el cuerpo físico de cada uno de los seres humanos que sabe construirlo con todas las bellezas y virtudes que Salomón logró?

Sabios y estudiosos del misticismo y del esoterismo no dudan en vincular la expresión visible, exotérica dada por la Biblia, sobre la construcción y la terminación del Templo de Salomón, con un simbolismo muy profundo, que pone de manifiesto la universalidad de la sabiduría de Salomón, que se hace patente gracias a tres formas específicas de expresión:

1. El Templo de Salomón es la casa de la Luz Eterna de Dios, el macrocosmos, su gran habitáculo.

2. El Templo de Salomón representa simbólicamente la personificación del cuerpo físico del ser humano, su expresión, su exaltación, porque San Pablo dice: "¿No sabéis que sois templo de Dios, y que el Espíritu de Dios mora en vosotros?" (I Corintios 16). Es, por lo tanto, también la expresión del microcosmos.

3. El Templo de Salomón representa la unión de tres grandes reinos o realidades dentro de un solo aspecto: expresa la unión de Dios, la Naturaleza y el Hombre, en el interior de un recinto consagrado. Hace patente el verdadero sentido de la religión porque este *re-ligare* no tendría sentido si cualquiera de estos ángulos quedase excluido: no puede concebirse a Dios sin naturaleza y hombre; a la naturaleza sin Dios ni hombre, o al hombre mismo sin Dios y sin naturaleza. Aquí se entrevé por qué el Misterio de la Trinidad, que no pertenece sólo al catolicismo sino que es universal, tiene un gran peso al momento de tratar de entender el porqué de una religión, sea la que sea. Por supuesto, esto que estamos expresando es motivo de reflexiones profundas y que sólo han sido pálidamente esbozadas, pero valía la pena hacerlo porque el simbolismo universal del Templo de Salomón así lo sugiere.

Realizando un análisis numérico del nombre de Salomón, tenemos que nos da un valor de 560, cifra que significa literalmente "sorpresa ante los ojos del Señor"; cabalísticamente nos dice que "la intuición que se alimenta del discernimiento trae por consecuencia que siempre se actúe con justicia"; tal como en la leyenda del mismo Rey se hizo patente. No hay carencia ni exceso, sólo el justo medio. Si revisamos así mismo el significado literal de cada una de las letras, encontramos las "S" = Shin = Dientes. Esta letra nos da la idea del alimento que mantiene vivo a un animal y al ser humano, implica vida y nutrición; la "L" = Lamed = Aguijón para guiar bueyes, significa una acción que se realiza mediante un acto de inteligencia, implica conocimiento racional; la "M" = Mem = Agua, es la expresión de vida y hace referencia a un caos primordial que surge de los abismos del espacio, implica creación y vida; la "N" = Nun = Pez, es la manifestación de vida por antonomasia del agua, y por tanto, implica asimismo vida.

Recordemos que el simbolismo originario de Jesús, el Cristo, fue el Ictius o Ixtos, pez en latín y en griego, expresión que simboliza la "Vida Eterna", porque Jesús es la "verdadera salvación". Por esta razón, tanto el valor numérico-cabalístico como el de las letras hebreas ponen de manifiesto el profundo valor simbólico del puro nombre de Salomón y el porqué, como tal, es muy apreciado por los estudiosos de las verdades profundas.

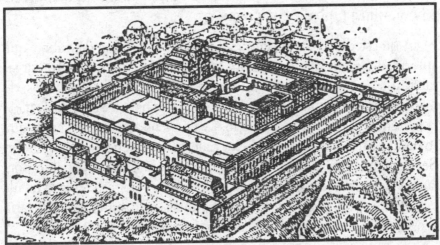

LA ENIGMÁTICA
REINA DE SABA

Un elemento muy relevante que también se encuentra unido tanto a la leyenda bíblica del Rey Salomón como a su propio y particular simbolismo es el de la misteriosa Reina de Saba.

¿Quién fue esa misteriosa Reina de Saba o Seba, que visitó a Salomón cuando su prestigio se encontraba por todo lo alto, cuáles fueron las misteriosas preguntas que le hizo y que no aparecen consignadas en la Biblia?

Desde siempre este tema ha sucitado enormes inquietudes y numerosas especulaciones, pues la Biblia consigna de manera escueta su presencia. Dice en I Reyes 10,1:

"Y oyendo la Reina de Saba la fama de Salomón en el nombre de Jehová, vino a probarle con preguntas."

¿A qué se debe este misterio?, ¿quién era la Reina de Saba y qué autoridad o jerarquía tenía sobre Salomón como para confrontar su sabiduría y conocimiento con los de ella? Vemos en estos hechos, de nuevo, cómo los anónimos redactores parecen haber sacado de la nada la presencia de esta reina misteriosa y ¿poderosa? contexto en el que se sugiere que ocultamente el Rey Salomón perteneció a una Orden Secreta, en la que Balkis, la Reina de Saba, jugaba un papel importante y de mayor jerarquía que el propio Rey, y por eso tenía la facultad de hacerle unas misteriosas preguntas, y su reino se localizaría geográficamente en nuestro planeta o fuera de él.

La Biblia nos cuenta cómo Salomón construyo su Templo con la ayuda del arquitecto Hiram, rey de Tiro, cuyo prestigio radicaba más que en su riqueza o en su sabiduría, en que, como buen fenicio, era un excelente navegante. Es en estos relatos bíblicos que se oye hablar de las míticas Ofir, Tharsis y Gades. Éstas dos ciudades están vinculadas con la existencia del misterioso continente perdido de la Atlántida, y a Ofir se le relaciona con el sur de África y el sur de América como eran en aquellos entonces. Salomón da cuenta en Eclesiastés 1, 6-7 de la verdadera forma en que giran los vientos en el planeta, mucho antes de que siquiera se soñase con la existencia de la teoría de las corrientes térmicas y de las del agua entre los Polos y el Ecuador. ¿Qué nos dice esto? Que Hiram de Tiro posiblemente haya conocido a la mítica Reina de Saba en uno de sus viajes a Ofir, y le haya hablado acerca de sus grandes cualidades, y la haya extendido a ella una invitación para conocer a Salomón. Otra hipótesis que se maneja es, en el sentido de que la propia madre del rey, que estaba casada en primeras nupcias con Urías el Hitita, que es nombrada como Bath-Sheba, o Betsabé, pudo en realidad haberse llamado Betsaba, es decir, "Beth de Saba". Se dice que la palabra Beth en hebreo denota procedencia o pertenencia: "De". Así, simplemente el nombre de Betsabé sería: "De Sabe" o "De Saba". Entonces, habría sido la propia madre del Rey, quien lo puso en contacto con esta reina legendaria, por pertenecer ella misma, por su belleza, a ese reino.

Curiosamente el nombre de la Reina de Saba tenía mucho prestigio entre la cultura oriental y árabe. Por esta tradición sabemos que el nombre verdadero de la Reina de Saba, el cual no aparece consignado en la Biblia, es el de Balkis. Ahora bien, ¿por qué es tan importante para los árabes y los hombres del Oriente, persas, iraníes, irakíes, pakistaníes, afganos, hindúes, etc., el nombre y la presencia de esta legendaria reina? Porque se dice que es la antepasada, en línea directa, de los primeros tres creyentes en toda la verdadera historia del cristianismo: los Tres Reyes Magos, de la Epifanía, y que se conocen popularmente como Melkios, Gaspar y Baltasar. Y estos magos pueden haber pertenecido al grupo de extraterrestres llegados del espacio interestelar a colonizar este planeta y transmitir sus conocimientos superiores a la humanidad por ellos creada. Por lo tanto, la Reina de Saba reviste para Oriente un carácter sagrado: fue la reina más misteriosa de Oriente y la trigésima cuarta sura del Corán lleva su nombre. Porque su historia fue revelación para el último profeta de Oriente, Mahoma, quien da cuenta de ello en la 27ª sura del Corán, y porque su presencia se mantuvo vigente en la descendencia de la casa real de los Negus de Abisinia y en su emperatriz Zauditou, gobernantes de Ethiopía.

La Reina de Saba está vinculada directamente, por raza o por analogía de conocimiento, con tres reinos y sus representantes esenciales aceptados por la verdadera tradición: Egipto, Moisés; Palestina, Jesús; Hedjaz, Mahoma; por la influencia monumental que mediante las religiones por ellos creadas han ejercido sobre casi toda la humanidad: judaísmo, cristianismo e islamismo. Baste ver en el día de hoy, el estado en que los practicantes de estas religiones las guardan en lo social, lo político, lo económico. El elemento religioso mismo puede derivar en un aspecto siniestro: el fanatismo homicida que tanto daño continúa haciendo a la humanidad sufriente. La leyenda de esta Reina del país de Saba o ¿país del Saber?, es una de las leyendas más intensas y bellamente escritas, y es como sigue:

"Se cuenta en las tradiciones y las leyendas –pero Alá el Exaltado es más sabio–, que, en tiempos del Rey Salomón, hijo de David (¡sobre ellos dos la bendición el salam!), vivía en la feliz tierra de Saba, en el país del Yemen, una reina niña, hija de reyes, cuya vida era toda maravillas y asombros. Y esa reina, flor entre las flores de Arabia, era una virgen adolescente de dieciséis años, adornada de belleza por su creador... pero, por lo que respecta al Rey Salomón, escuchad: los soplos que servían de correos rápidos y de anunciadores de Salomón, amo de los elementos por la voluntad de su Señor, acudieron, rápidos, aquella noche, llenos de murmullos, y pasaron junto al oído del Rey. Pues era la Noche del Destino, 'más preciosa que mil meses'. (¡Salam sobre ella hasta la aparición de la aurora!) Y los soplos murmuraron en modo menor: Oh profeta, oh rey dorado, te anunciamos la noticia que refrescará tus ojos y los abanicos de tu corazón. En el país de Saba, en Arabia, hay una hija de reyes, con largos ojos blancos y negros, causa de suspiros y de caras pálidas. Una reina de esplendor, jovencita sin par entre las trescientas legítimas esposas y las setecientas de tu harem bien guardado.

"Y tras haber contado de este modo, los soplos se callaron y, discretos, siguieron su camino. Y esto es todo en cuanto a ellos."[24]

Éste es un fragmento breve y muy bello que pone de relieve la otra faceta del gran Rey Sabio, la que tiene mayor prestigio entre los habitantes del Oriente y entre las estudiosos de las verdades ocultas: la de mago y cabalista. En efecto, la gran tradición señala que Salomón, a causa de su sabiduría proverbial, entró en posesión de abstrusos secretos de la naturaleza que sólo pueden ser alcanzados por sabios verdaderos. Para ello, la magia verdadera no es la hechicería; sino una comunión profunda que se da, que surge de manera verdadera entre el mago y los reinos de la naturaleza visibles e invisibles; el mago ejercita su voluntad, no sus deseos ni sus caprichos, para el dominio de estos reinos, porque para los dos últimos dicho dominio es sueño; para la última esos reinos son servidores leales que obedecen siempre a la razón suprema del espíritu. Un mago jamás estará sometido por los reinos bajos visibles e invisibles. Los usa y no es usado por ellos; los demonios tiemblan ante su presencia, desaparecen o huyen espantados ante la unidad indisoluble que existe dentro del mago: con Dios, con la naturaleza y con el hombre; todo lo demás, como lo dijo Hamlet, es silencio. Y Salomón fue uno de los pocos que podía preciarse de ser dueño de los dos primeros mundos y ser un servidor fiel para Dios, para el espíritu verdadero. Por lo tanto, ¿quién o qué fue Salomón verdaderamente? Eso es algo que tal vez los siglos y el humano devenir nunca podrán aclarar o acaso comprender; sólo queda su prestigio creado por la fantasía, que suele contentarse con el pesado bagaje de la letra muerta.

Cabe preguntarse también si la belleza de Balkis, la Reina de Saba, aunada a su sabiduría, a su poderío, no lograron que este Rey Sabio se enamorara de ella, y fuese tan grande su amor que en el "Cantar de los Cantares" habla de ella y le demuestra lo intenso y profundo de ese sentimiento.

[24] *La Reina de Saba*, según el texto y la traducción del Dr. J. C. Mardrus, Hesperus Lunas, José J. Oñaleta, Ed. 1992. Palma de Mallorca.

Las profecías de la Biblia

sta es una de las partes más sustanciales de la Biblia por sus características tan especiales, tanto en lo profético como en lo religioso, y que últimamente también ha llamado poderosamente la atención de los investigadores serios del fenómeno ovni y de sucesos paranormales, quienes han visto entre sus relatos pruebas palpables de que el pueblo de Israel en la antigüedad fue ampliamente visitado por entidades extraterrestres que hacían su aparición mediante los famosos objetos voladores no identificados, e intervinieron en muchos de los episodios proféticos.

Entre las actividades normales y las llamadas paranormales del hombre, existe un abismo que no ha podido ser dilucidado por el agudo estilete de la ciencia común; se trata de una zona casi obscura que sólo ha podido ser verificada por la contundencia de sus resultados más allá de la duda y la especulación: sí, ha usted adivinado, estamos hablando de la profecía. ¿Quién duda de la capacidad profética de Michel de Nostradamus?, enigmático vidente y médico francés que vivió durante el siglo XVI y que alcanzó la celebridad en su tiempo, al profetizar la muerte sangrienta del rey Enrique II, durante un torneo de caballería, traspasado brutalmente por la lanza de su contrincante, que le penetró por un ojo, destrozándole el cerebro, y que tras una agonía infinita murió en medio de la consternación de una corte incrédula, que tuvo que rendirse al testimonio profético fatal y pleno de consecuencias para la casa real reinante de la época. No fue un secreto que Nostradamus gozó de los privilegios y de los favores del palacio real debido a su extraordinaria capacidad para penetrar en los hondos secretos del tiempo, más allá de la casualidad y extraer de ahí sus exaltadas visiones, asombrosas, increíbles, alucinantes. Nostradamus perteneció a este linaje único, casi extinto en nuestros días de banalidad y miseria espiritual, en que la visión externa pretende sustituir, sin lograrlo, a la otra, que es hija legítima del alma. Si hemos de aceptar lo dicho por los platónicos, quienes no sólo creían, sino afirmaban casi a rajatabla que del alma y sólo por el alma el hombre puede elevarse a las mansiones celestiales, para traer el preciado cargamento de una realidad ultrasensible, sólo puesta a la mano para los únicos, los que saben leer las entretelas tejidas por los astros, que penetran más allá del llano simbolismo de la baraja, y encuentran las verdades del alma arracimadas como cristales preciosos, que escondidas esperan al avezado, al sagaz o al bendito que es capaz de descifrar el enigma pulsante y escribe, canta, rima un porvenir que es aguardado ansiosamente por los muchos: este bendito que es hijo legítimo del espíritu y que ha recibido los enigmáticos nombres de Isaías, Jeremías, Elías, Ezequiel, Habacuc, Oseas, Malaquías, San Juan y todos los que conforman el linaje celestial por excelencia de la Biblia: los profetas.

¿Es la profecía misterio, predestinación, don divino o extraterrestre, oficio poético, aprendizaje inagotable, una virtud producto de la combustión espontánea del alma?

Los profetas bíblicos parecen poseer eso y mucho más; de su lenguaje alegórico, oscuro, encendido, poético, se desprenden oráculos enigmáticos que han podido penetrar el tiempo y se han transformado en joyas visionarias que les dan una certeza que raya en el misterio; también para algunos investigadores, este lenguaje es anticipatorio, porque parece adivinar, sobre todo en las profecías de Ezequiel, descripciones técnicas de ingenios voladores.

¿Pensaron Isaías u Oseas en las cosas por venir, cuando mediante sus escritos sólo se mostraban genuinamente preocupados por la suerte adversa de su pueblo? ¿Trataban de entender una realidad que parecía escapárseles de las manos?

Ciertamente, la profecía en sí es una actividad completamente cerrada, críptica para el profano, para el hombre sencillo, el hombre de la calle. Así nos preguntamos sinceramente: ¿qué es la profecía?

La palabra castellana, como la mayor parte de los vocablos de la lengua española, proviene del latín: *prophetia*; y ésta procede del griego προφετεια (profeteia), de προφετειεμ (profeteiem), que significa "predecir": "*pro*", "antes"; "yo hablo". Es don sobrenatural que consiste en la predicción cierta y determinada de hechos futuros; depende de la voluntad libre del hombre. La palabra griega manteion «manteion», define el don de la profecía como: "penetración o agudeza de la mente; adivinación, oráculo, vaticinio, sentencia del oráculo; de ahí se deriva la terminación castellana "mancia", que significa "adivinación".

El estado profético es descrito por quienes lo han estudiado como una especie de autosugestión; los que lo experimentan se sumen en un trance que les pone en un estado fisiológico particular con modificaciones de los ritmos vitales, que los hace acceder a ciertos aspectos profundos del mundo.

La profecía viene a ser la sangre azul, aristocrática, que nutre a los elegidos por la Divinidad para fungir como voceros de verdades y realidades escondidas, que deberán ser leídas, escuchadas mediante el argentino murmullo de enunciados construidos con el chisporroteo del verbo, que, como verdadero *logos*, anticipa el destino y pone de manifiesto el misterioso poder de la palabra divina, devenida en magia y adivinación.

Así, cada uno de los más destacados personajes del Antiguo Testamento, Abraham, Isaac, Jacob, José, Moisés, Aarón, Josué, Saúl, David, tiene, por decirlo de una manera sencilla, su profeta o profetas de *corps*, de cabecera. Esto nos hace preguntarnos seriamente ¿acaso el don de la profecía era algo mucho más común de lo que pensamos o imaginamos en nuestros días? ¿Por qué hay tantos profetas en el Antiguo Testamento? ¿Su don era algo misterioso, o era algo que se aprendía en alguna escuela secreta, arcana?

Una de las tradiciones ocultas no escritas, sino de las que se transmiten oralmente, era la de la existencia de una escuela interna, en cierta medida semejante, guardando la distancia, a la escuela árabe sufí. Los alumnos se volvían sabios y debido a sus estudios y desarrollos interiores, lograban acrecentar muchas de sus capacidades, entre las que figuraba el don de la profecía. Se presume que algunas de estas escuelas eran la de los nazareos, o nazarenos, la de los hazidim, y la de los esenios. Era esta una comunidad que vivía en las orillas del Mar Muerto, cuyo testimonio fue aportado, entre otros, por Plinio el Viejo y Flavio Josefo. Pero en realidad, a pesar de estas suposiciones, el don de la profecía entre los antiguos israelitas continúa siendo una incógnita.

Isaías es considerado como el decano de los profetas bíblicos por la agudeza de sus profecías, por la fuerza del simbolismo usado, por la capacidad de penetración que sus textos proponen, especialmente para los que están ávidos de verdades; por la sobriedad en que su lenguaje se equilibra en un género proclive a la exageración y al dramatismo. Vivió en el siglo VIII a.C. y según parece, toda su vida la pasó en Jerusalén. Se cree que su vocación profética emerge hacia el año 740 a.C. Isaías tuvo a cargo la gran tarea de advertir al pueblo escogido que por haber abandonado a Jehová-Yahvé, le esperaba un severo castigo pues caería en manos de los asirios, y que su única salvación consistía en regresar a Jehová-Yahvé para renovar su fe en él.

Todo su libro se compone de 66 capítulos; se considera que el último es uno de los más importantes, porque se habla de la restauración de Israel por el Mesías. Algunos estudiosos han creído ver en sus profecías que también habló de un futuro hipotético nada agradable para el porvenir de la humanidad. ¿Fueron sus profecías producto de un don divino o del misterio del Verbo, o tan sólo producto de sus estudios y su vida ordenada?

En Isaías 7,6-7 se lee:

"Vamos contra Judá, y la despertaremos y la partiremos entre nosotros, y pondremos en medio de ella por rey al hijo de Tabeel. El
Señor Jehová dice así: No subsistirá ni será."

En el capítulo 7,20 dice:

"En aquel día será el Señor con navaja alquilada, con los que habitan la otra parte del río, a saber, con el rey de Asiria, cabeza y pelos de
los pies; y aun la barba también quitará."

En estos versículos se aprecia claramente el dictamen adverso en
contra de Israel, que será sojuzgado y llevado a Babilonia para vivir en
la esclavitud.

Isaías 66,13 dice:

"Como aquel a quien consuela su madre, así os consolaré yo a vosotros, y en Jerusalén tomaréis consuelo."

Éste es uno de los versículos de Isaías en los que se ha creído que
preveía la llegada del Mesías.

En Isaías 53:3, 4, 7 y 8 dice:

"Despreciado y desechado entre los hombres, varón de dolores, ex-
perimentado en quebranto; y como que escondimos de él el rostro, fue
menospreciado, y no lo estimamos.

"4. Ciertamente llevó él nuestras enfermedades, y sufrió nuestros
dolores; y nosotros le tuvimos por azotado, por herido de Dios y aba-
tido...

"7. Angustiado él y afligido, no abrió su boca: como cordero fue
llevado al matadero; y como oveja delante de sus trasquiladores, en-
mudeció y no abrió su boca.

"8. De la cárcel y del juicio fue quitado; y su generación ¿quién la contará? Porque cortado fue de la tierra de los vivientes; por la rebelión de mi pueblo fue herido..."

¿Quién que lea los anteriores versículos impresionantes, después de haber leído en los Evangelios todo el proceso de Jesús tras su entrada en Jerusalén para ser crucificado, no reconocerá con extraordinaria exactitud lo que le ocurrió finalmente al Cordero de Dios, muerto en la cruz?

En Isaías 66,15 y 16 dice:

"Porque he aquí que Jehová vendrá con fuego, y sus carros como torbellino, para tornar su ira a favor y su represión en llama de fuego.

"16. Porque Jehová juzgará con fuego y con su espada a toda carne: y los muertos de ahora serán multiplicados."

Después de los terribles acontecimientos del 11 de Septiembre del 2001, en New York, luego de haber presenciado, ya sea por televisión, fotografías o por haber estado allí, el momento exacto de las explosiones tras el impacto de los aviones en las Torres Gemelas del World Trade Center, y después de haber visto las bolas de fuego, no se deja de reconocer la impactante certeza de esta profecía de Isaías; y si, además, tomamos en cuenta que los números 15 y 16 de los versículos están asociados cabalísticamente con los Arcanos Mayores del Tarot, el Diablo y la Torre, arcanos 15 y 16, respectivamente, y que en tiradas normales, por lo general, anuncian asociaciones con el mal, serios males y desastres, se podrá apreciar entonces una descripción asombrosamente puntual, sólo que fue realizada hace 2,500 años. Además: ¿Las profecías de Isaías fueron casualidad o una misteriosa coincidencia?, ¿Carros como "torbellinos"; no estará hablando de entradas o puertas dimensionales; o la expresión Jehová vendrá con fuego, no indicará que puede llegar en una nave espacial, un cohete que al despegar o aterrizar arroje mucho fuego?

Isaías mismo propone el verdadero valor de la profecía al colocarla por encima de la simple adivinación y de la que proviene de los muertos o necromancia.

En su capítulo 8,19 dice:

"Y si os dijeran: preguntad a los encantadores y a los adivinos, que susurran hablando, responded: ¿no consultaría el pueblo a su Dios? ¿Apelará por los vivos a los muertos?"

Los profetas bíblicos nos enseñan que la profecía debe entenderse como una verdadera expresión del alma que no suprime ni anula nada; el libre albedrío se manifiesta por que sólo a través de la voluntad de una persona, el hecho profético adquiere validez, a pesar de que pueda surgir de manera imprevista, como ha ocurrido en ciertos casos extraordinarios consignados por la historia, entre ellos, el protagonizado por el célebre Cazotte, autor de *El diablo cojuelo*, quien tenía fama de vidente. Sucedió que en una reunión con aristócratas ocurrida hacia el año de 1780, nueve años antes de que estallase la Revolución Francesa, mientras departían alegremente después de una opípara comida, en el momento de los vinos, a una cierta pregunta de uno de los comensales, Cazotte predijo a casi todos los presentes un final fatal a manos de la "razón y la justicia", excepto a De La Harpe, a la sazón agnóstico y ateo, a quien anunció que se convertiría al cristianismo, y al final, estando ya todos los presentes sobrecogidos por las sombrías profecías, alguien le preguntó qué suerte le esperaba, a lo que respondió que la misma del trompetero de las murallas de Jericó, que a la séptima vuelta alrededor de la muralla y tras sonar las trompetas, fue aplastado por las grandes piedras que caían. Y todos se retiraron en silencio. Este dramático relato pudo conocerse gracias al único concurrente que se salvó: ¡el señor De La Harpe convertido al cristianismo!

EZEQUIEL,
¿PROFETA DEL ESPACIO?

Además de por sus misteriosas profecías, Ezequiel se ha hecho famoso por la desconcentrante descripción que hace de un extraño objeto que tuvo frente a sí, sin saberse si fue producto de sus propias visiones, o en realidad presenció tan misterioso artefacto, al que muchos han considerado como un ovni. Ezequiel es considerado uno de los grandes profetas del Antiguo Testamento. Sus profecías estaban escritas en una lengua desconocida, medio hebrea, medio aramea. Se cree que empezó a usar su don de profecía hacia el año 595 a.C., y que lo continuó haciendo a lo largo de veintidós años. Fue asesinado por un príncipe judío a quien reprochaba su idolatría. Es de los pocos profetas que en su libro hace un recuento detallado de sus visiones, ofreciendo hasta datos de tiempo y lugar.

Nos dice en Ezequiel 1,1:

"Y fue que a los treinta años, en el mes cuarto, a cinco del mes, estando yo en medio de los transportados junto al río de Chebar, los cielos se abrieron y vi visiones de Dios."

Mucho se ha discutido acerca de si la vívida descripción que ofrece desde el primer capítulo, tanto por la fuerza de su visión interior como por lo que está describiendo, fue una genuina experiencia profética, una desconcertante serie de imágenes alucinatorias o un transporte exaltado provocado por diferentes estados de ánimo. También es cierto que desde los primeros tiempos del cristianismo sus profecías no eran citadas a menudo, porque se creía que no encajaban con el espíritu de recogimiento, fervor y respeto hacia la figura esencial, que es Jesús. Incluso hubo quien arguyó que lo narrado en el primer capítulo era una visión demoníaca, contraria al espíritu cristiano. Sólo por el hecho de estar insertadas sus profecías entre las de el resto de los profetas, no fue expurgado de la Biblia, pues también contó con defensores contra aquellos abusos comunes en los primeros tiempos de la Iglesia cristiana.

Ciertamente, las profecías de Ezequiel son desconcertantes en más de un sentido; parecen descripciones vívidas de realidades suprasensibles o, al menos, no ordinarias.

En su libro, en el capítulo 11,1, nos dice:

"Y el espíritu me elevó y metióme por la puerta oriental de la casa de Jehová, la cual mira hacia el Oriente...

"5. Y cayó sobre mí el espíritu de Jehová y díjome: Di, así ha hablado Jehová..."

Se lee en Ezequiel 10,4:

"Y la casa fue llena de la nube, y el atrio se llenó del resplandor de la gloria de Jehová..."

Son estas y otras descripciones las que hacen pensar a muchos investigadores que Ezequiel, con toda seguridad, tuvo lo que los especialistas llaman –en la terminología para describir el fenómeno ovni– un contacto del "tercer tipo".

En el capítulo 1:4, 13, 20, 22, 25, y 26 nos dice también:

"Y miré, y he aquí un viento tempestuoso venía del aquilón, una gran nube, con un fuego envolvente, y en derredor suyo un resplandor y en medio del fuego una cosa que parecía de ámbar...

"13. Cuanto a la semejanza de los animales, su parecer era como de carbones de fuego encendidos, como parecer de hachones encendidos: discurría entre los animales, y el fuego resplandecía y del fuego salían relámpagos...

"20. Hacia donde era el espíritu que anduviesen, las ruedas también se levantaban tras ellos: porque el espíritu de los animales estaba en las ruedas...

"22. Y sobre las cabezas de cada animal aparecía expansión a manera de cristal maravilloso, extendido encima sobre sus cabezas.

"25. Y cuando se paraban y aflojaban sus colas, oíase voz de arriba de la expansión que había sobre sus cabezas."

La forma puntual en que el profeta describe, con un lenguaje certero, todo lo que está ocurriendo frente a sus ojos, es verdaderamente impresionante, desde que se da cuenta de que el cielo se abre y ve la nube luminosa que se le posa adelante, hasta el momento en que reconoce a un individuo que está sentado sobre y frente a él:

"26. Y sobre la figura del trono había una semejanza que parecía de hombre sentado sobre él."

En la medida que se van leyendo, aumentar el asombro por las descripciones de un hombre que vivió 600 años antes de Cristo, y que era miembro de una nación no muy desarrollada técnicamente para su época si uno compara lo que produjeron Grecia, Persia o Egipto. Sin embargo, sus palabras nos muestran a un hombre deslumbrado pero sereno, con una capacidad de observación digna de un investigador. Imaginemos por un momento a los habitantes, por ejemplo, de Nueva Guinea, que se dice que todavía hace cincuenta años vivían casi en la edad de piedra, y que de pronto ante ellos hace su aparición un helicóptero moderno, sofisticado, con las luces encendidas. Cabe preguntarse: ¿cómo sería la descripción que de él nos pudieran hacer?

Ahora imaginemos a Ezequiel viviendo el mismo fenómeno 600 años antes de Cristo y casi 2,500 años antes de la aparición de máquinas voladoras. Puede observarse en todo el texto de los capítulos 1 y 2 de su libro que, por encima de todo, fue un observador atento que nos da la puntual descripción de un ¿ingenio volante?, porque el fenómeno no lo está imaginando, lo está viendo, de la misma manera que Moisés observaba la gloria de Jehová descender sobre el monte Sinaí, y queda entonces una pregunta en el aire: ¿era Israel un pueblo-contacto?, ¿un pueblo cuyos dirigentes mantenían una comunicación extraterrestre con algún tipo de inteligencia superior? ¿Y esa comunicación se tradujo en la redacción de la Tora, mediante un lenguaje que cifraba, escondía más de lo que superficialmente mostraba? ¿Podría haber sido también el Arca de la Alianza una ingeniosa e insólita computadora mediante la cual mantenían ese contacto?

Estas interrogantes siempre quedarán en el aire, puesto que nada puede hacernos creer lo que por fe no profesamos, éste es el caso de las religiones. Los capítulos 37 y 38 del Libro de Ezequiel son los equivalentes al Armagedón bíblico, tan mencionado en los últimos tiempos.

Otro de los personajes bíblicos destacados que también se ha ganado la reputación de ser precursor de avistamientos del fenómeno ovni, es el profeta Elías. ¿Quién era realmente Elías? Se dice que fue profeta del monte Carmelo. Nació supuestamente hacia el año 980 a.C.; aparece como una especie de emisario de la divinidad que habrá de reaparecer en la época del anticristo junto con Enoc. Esta misma tradición afirma que lo hará para predicar la penitencia en tiempos de prevaricación y vicio. La presencia de este profeta es consignada directamente en el segundo libro de los Reyes, en que aparece con el sobrenombre de Thisbita.

II Reyes 1,1-3 "Después de la muerte de Achab, rebelóse Moab contra Israel.

"2. Y Ochozías cayó por las celosías de la sala de una casa que tenía en Samaria; y estando enfermo envió mensajeros y díjoles: Id y consultad a Baal-Zebub, dios de Ecrón, si tengo de sanar de esta mi enfermedad.

"3. Entonces el ángel de Jehová habló a Elías Thisbita, diciendo: Levántate y sube a encontrarte con los mensajeros del rey de Samaria, y les dirás: ¿no hay dios en Israel, que vosotros vais a consultar a Baal-Zebub, dios de Ecrón?"

Poco después, Elías debe hacer frente sucesivamente a dos capitanes que encabezan sendas partidas de cincuenta soldados, las cuales son consumidas por un fuego devorador que les envía en su contra. El capitán que comanda la tercera partida le pide clemencia, el ángel le dice que no le tenga miedo y regresa con él hacia la corte del rey para que se cumpla su destino. Poco después, no se dice cuánto tiempo, el capítulo 2 consigna directamente que este mítico profeta fue arrebatado hacia el cielo en un torbellino de fuego:

II Reyes 2,11: "Y aconteció que yendo ellos hablando, he aquí, un carro de fuego con caballos de fuego apartó a los dos: y Elías subió al cielo en un torbellino."

Esta cita es a menudo considerada por los investigadores del fenómeno ovni y lo paranormal como una prueba evidente, como sucede con Ezequiel, de la realidad de este fenómeno relacionado en especial con el pueblo de Israel, del cual muchos investigadores afirman que es un pueblo-contacto.

La profecía aparece como la gran Dama que le ha dado lustre y prosapia al texto bíblico, ya de suyo de carácter elevado; lo vuelve único, insuperable, digno de una consideración que ha ido traspasando las edades como una especie de gran buril del futuro, porque desbasta, moldea, da forma, no al texto bíblico en sí, sino a quien es capaz de reconocerse en medio de los enigmas, de los versículos aderezados con los encantos infinitos de la pirotecnia misteriosa del Verbo Luminoso, de los epigramas crípticos que encierran verdades sólo perceptibles para el ojo del águila: el profeta bíblico, que en medio de su actividad única rodeada por el misterio, es el eslabón entre la materialidad del mundo denso y profano de todos los días y el Espíritu, que en las alturas aguarda pacientemente a quien tenga el coraje, el deseo, la disciplina, la voluntad de traspasar su misterio; por ello, el profeta nos recuerda que el anhelo de saberlo todo está presente hasta en nuestras vidas limitadas.

¿Tiene la Biblia un código secreto?

ucho se ha dicho acerca de los textos bíblicos y su probable vínculo tanto como con formas literarias reconocibles de otras culturas (en cuanto a metáforas, imágenes alegóricas que esconden significaciones ocultas, mezcladas esencialmente con elementos de interpretación mucho más profundos), como con aspectos que pertenecen netamente a las creencias cabalísticas, judaicas, cuyas modalidades son la Gematría, el Notaricón y la Temura. La Gematría analiza palabras diferentes, de valor numérico similar, pero cuyas significaciones pueden ser distintas. El Notaricón es un sistema de interpretación en el que las letras de una palabra son tomadas como iniciales para otra palabra y así formar una frase que expresa una nueva idea, un nuevo pensamiento; las iniciales de una palabra también pueden ser usadas para formar una o más palabras nuevas. Temura, significa permutación o cambio, y de acuerdo con ciertas reglas esenciales, una letra puede ser substituida por otra que le antecede o le sigue en el orden alefático; se pueden formar palabras de otras completamente diferentes en ortografía y en significado. Éstos son los métodos tradicionales que utilizan los cabalistas para analizar la palabra divina. Y se creía que estos métodos de encriptación, ciframiento o desciframiento, serían suficientes. Pero en los años cincuenta, el rabino checo H.M.D. Wessmandel descubrió que si en el texto hebreo del Pentateuco al Génesis se le eliminaban los puntos masoréticos y los espacios entre letra y letra, se formaba una gigantesca y sola palabra de 78,064 caracteres, que podía contener mensajes secretos encriptados de un modo muy particular. Por ejemplo, se descubrió que tomada una sola letra de cada cincuenta, desde el inicio, se formaba claramente la palabra **Tora**, en vertical, que es precisamente el nombre que reciben los cinco libros del Pentateuco y que significa "Ley".

Probablemente ese hallazgo hubiese sido irrelevante a no ser por el hecho de existir una antigua tradición cabalística que afirma que Dios mismo insertó mensajes codificados en la Tora, y que los rollos o teucos en que se conservaba son copias fieles casi exactas de las de sus predecesores desde al menos unos mil quinientos años.

Años después, un físico y estudiante bíblico, Doron Witztum, que se había establecido en Jerusalén, quiso llegar más lejos, aprovechando los sorprendentes hallazgos del rabino checo Wessmandel. Aplicando sus conocimientos matemáticos y el uso de computadoras, Witztum convirtió a la Tora en una sola y gigantesca palabra de 304,805 letras hebreas y comenzó a buscar mensajes en su interior. Utilizó el mismo método del rabino checo, que recibió el nombre de "secuencia de letras equidistantes" o, SLE, y comenzó a obtener resultados sorprendentes, estadísticamente inexplicables. Así entró en contacto con el matemático Eliyahu Rips, quien le ayudó a valorar el aspecto probabilístico de los resultados obtenidos. El ingeniero de sistemas Yoav Rosemberg se unió poco después al dúo de investigadores, atraído por los sorprendentes hallazgos, y diseñó un programa especial de computadora para descubrir los posibles códigos. Encontró que estaban codificados los nombres de 32 importantes rabinos con sus respectivas fechas de nacimiento y muerte. La probabilidad de que uno solo de los datos estuviera codificado en esa inmensa sopa de letras era de una contra 62,500. ¿Entonces, cómo era que estaban encriptados los 32 nombres de los rabinos? Para determinar si la información encriptada era intencional, Witztum creó un método de trabajo que le permitió distinguir de entre las secuencias de letras equidistantes (SLE) si había algunas o muchas que fuesen producto del azar (que pueden encontrarse en cualquier texto), y si había secuencias deliberadamente introducidas por "alguien" en el Pentateuco. El método tomaba en cuenta la proximidad de las letras entre sí, así como el hecho de que aparecieran junto a las palabras clave otros datos relativos a las mismas exactamente como había ocurrido con los nombres de los rabinos muertos con sus fechas de nacimiento y muerte. Su método fue tan exacto y exigente que la prestigiosa revista científica norteamericana *Statistical Science*, especializada en matemáticas, de Hayward, California, revisó a lo largo de seis años su "experimento de los rabinos", y publicó finalmente su trabajo, otorgándole un aval científico completo.

En 1992, el reportero norteamericano Michel Drasnin entró en contacto con Eliyahu Rips y trabajó con él a lo largo de cinco años, realizando otro hallazgo sorprendente: encontró el apellido del extinto Primer Ministro israelí Itshak Rabin, con sus letras separadas entre sí, en espacios de cada 4,772 caracteres, cruzados con la frase "asesino que asesina". El periodista se impresionó y lo consideró como una predicción del futuro del todavía vivo en aquel momento ministro Rabin. Trató de advertirle antes de que fuera asesinado. A consecuencia de ese hallazgo, Drasnin preparó la publicación de su libro *El código secreto de la Biblia*, que de inmediato se transformó en un éxito. Fue un *best-seller* en Estados Unidos, Inglaterra, Alemania e Israel. Sin embargo, los miembros del equipo judío mantienen en la actualidad una actitud prudente con respecto a las previsiones del periodista norteamericano.

Recientemente aplicaron este método a un antiguo manuscrito hallado en el Mar Muerto, un texto de Isaías de 2,500 años de antigüedad, aparecieron claramente dos fechas: el año 2000 y el año 2006 junto a las frases "Guerra Mundial" y "Holocausto Atómico". Para el periodista norteamericano, las profecías de Isaías sobre el Armagedón, que parecen describir la destrucción de Jerusalén a causa de un ataque nuclear, tienen su confirmación en este código secreto del Antiguo Testamento. Según la profecía de Ezequiel sobre el Armagedón, habrá una última batalla en la cual Israel será invadido por una coalición de naciones que vendrán del Norte, y ahí es donde se encuentra Siria, que encabeza la liga de países árabes y mantiene una especial presión diplomática en contra de Israel. Así, parece existir una gran concordancia entre las profecías de los hebreos del Antiguo Testamento, las interpretaciones actuales de este código secreto de la Biblia recientemente encontrado, y los acontecimientos reales.

A la vista de estos recientes hallazgos, la Biblia se erige aún más como un libro cargado de significaciones ocultas, enigmas, y, sin duda, se conserva plena de belleza universal, y digna de las grandes obras de la humanidad de todos los tiempos.

ÍNDICE

Serie Estrella

Luz en el **Sendero**
Mabel Collins
Nuestro glorioso futuro
El valor de la sabiduría oriental, el deseo de vivir, el bienestar y la búsqueda del camino la armonía interna

Los Grandes Iniciados
Edouard Schuré

Misterios de la Biblia
Athanasius Nicholae

Enciclopedia de las **Ciencias Ocultas**
Allan Rollins

Sea usted su propio **Brujo** o bruja...
Rafael Domínguez
Karla Urdiñas

Serie Luna Nueva

Jobi Dana

Meditación
Técnicas orientales y occidentales

Para liberarse de:
sentimientos de inseguridad
preocupaciones
molestias
cansancio
estrés
dispersión
hundimiento...

Athanasius Nicholas

La Kabbaláh

• La tradición
iniciática de
Occidente
a su alcance

Athanasius Nicholas

Tu destino en el
Tarot

• Base de la milenaria
práctica del
"Oráculo de la Adivinación"

Hermes Trismegisto

El
Kybalión

Tres Iniciados

Dr. H. Papus

La
Reencarnación

• La rueda
de la vida,
a través de
muchos
cuerpos

Athanasius Nicholas

Grandes
Iluminados
de la
Humanidad

• Hermes
• Moisés
• Buda
• Zoroastro
• Jesús
• San Pedro
• Paracelso
• Cristian
• Conde de
Saint Germain